JN065162

直前対策！ 中検

準4級・4級 合格ドリル

山田留里子　賀南　角屋敷葵

駿河台出版社
SURUGADAI SHUPPANSHA

本書の音声は駿河台出版社ホームページから無料でダウンロードできます。
下記 URL を入力するか、弊社ホームページから「直前対策！中検準 4 級・4 級
合格ドリル」を検索し、音声をダウンロードしてください。音声ファイルは圧縮
されていますので、スマートフォンでご利用の場合は解凍ソフトをアプリスト
アよりダウンロードの上、ご使用ください。

http://www.e-surugadai.com/books/isbn978-4-411-03125-9

はじめに

　近年、日本を訪れる中国人は年々増加傾向にあり、日中文化経済交流が大きく広がっている状況にあるといえます。日中両国は"お引越しのできない隣人"であり、日中友好の新たな時代においては、中国語でのコミュニケーションがますます必要となってきました。

　本書は、中国語検定試験準4級と4級を受験する人を対象とし、試験直前に自分の力をチェックできるよう、実際の試験問題と同じ出題形式で、中国語検定試験準4級問題6回分、4級問題6回分を編集しました。さらに準4級と4級の検定試験直前予想問題も載せておりますので、現在の実力診断としてご活用ください。繰り返し解き、自身の弱点を克服しながら、合格する力ををつけていきましょう。

　皆さんが中国語でのコミュニケーション能力を向上させ、中国の方々とより豊かにコミュニケーションができますようお祈りしております。

　最後になりましたが、本書の編集出版において、姫路獨協大学名誉教授伊井健一郎先生、駿河台出版社の井田洋二社長および浅見忠仁氏のご尽力に深く感謝の意を表します。

2020年1月2日

著者

目　　次

1 1. これから読む（1）〜（5）の中国語と一致するものを、それぞれ①〜④の中から1つ選びなさい。

(001) （1）　　　① dōu　　② tōu　　③ dū　　④ tuō

(002) （2）　　　① jī　　② zī　　③ zhī　　④ chī

(003) （3）　　　① qí　　② shí　　③ shì　　④ xǐ

(004) （4）　　　① bǔ　　② qǔ　　③ qǐ　　④ pǔ

(005) （5）　　　① zhào　　② jiào　　③ jiāo　　④ qiāo

2. （6）〜（10）のピンイン表記と一致するものを、それぞれ①〜④の中から1つ選びなさい。

(006) （6）zhōngxué　　①　　　　②　　　　③　　　　④

(007) （7）jiàoshì　　　①　　　　②　　　　③　　　　④

(008) （8）shítáng　　　①　　　　②　　　　③　　　　④

(009) （9）yǎnjing　　　①　　　　②　　　　③　　　　④

(010) （10）shāngdiàn　①　　　　②　　　　③　　　　④

3. （11）〜（15）の日本語を中国語で言い表す場合、最も適当なものを、それぞれ①〜④の中から1つ選びなさい。

(011) （11）昼
　　　　　①　　　　　　　　　　②
　　　　　③　　　　　　　　　　④

(012) （12）明日
　　　　　①　　　　　　　　　　②
　　　　　③　　　　　　　　　　④

(013) （13）羊
　　　　　①　　　　　　　　　　②
　　　　　③　　　　　　　　　　④

₀₁₄ （14）寒い
　　　①　　　　　　　　　　　②
　　　③　　　　　　　　　　　④

₀₁₅ （15）写真
　　　①　　　　　　　　　　　②
　　　③　　　　　　　　　　　④

2 1.（1）～（5）の日本語を中国語で言い表す場合、最も適当なものを、それぞれ①～④の中から1つ選びなさい。

₀₁₆ （1）3週間
　　　①　　　　　　　　　　　②
　　　③　　　　　　　　　　　④

₀₁₇ （2）2018年
　　　①　　　　　　　　　　　②
　　　③　　　　　　　　　　　④

₀₁₈ （3）23日間
　　　①　　　　　　　　　　　②
　　　③　　　　　　　　　　　④

₀₁₉ （4）165元
　　　①　　　　　　　　　　　②
　　　③　　　　　　　　　　　④

₀₂₀ （5）先週の木曜日
　　　①　　　　　　　　　　　②
　　　③　　　　　　　　　　　④

2.（6）～（10）のような場合、中国語ではどのように言うのが最も適当か、それぞれ①～④の中から1つ選びなさい。

₀₂₁ （6）丁寧に名字を聞くとき
　　　①　　　　　　　　　　　②
　　　③　　　　　　　　　　　④

7

(022) （7）久しぶりに友達に会ったとき
    ①   ②
    ③   ④

(023) （8）先に帰るとき
    ①   ②
    ③   ④

(024) （9）いつ来るかを聞くとき
    ①   ②
    ③   ④

(025) （10）どう行くかを聞くとき
    ①   ②
    ③   ④

1 1. (1)〜(5) の中国語の正しいピンイン表記を、それぞれ①〜④の中から1つ選びなさい。

(1) 穿　　　　　　① chuāng　　② chuān　　③ chuán　　④ chuáng

(2) 短　　　　　　① duǎn　　　② duāng　　③ duǎng　　④ duān

(3) 刚才　　　　　① gāncái　　② gǎngcái　　③ gǎncái　　④ gāngcái

(4) 房间　　　　　① fángjiān　　② fǎngjiān　　③ fánjiāng　　④ fǎnjiān

(5) 简单　　　　　① qiǎntān　　② qiǎndān　　③ jiǎndān　　④ jiǎntān

2. (6)〜(10) の日本語の意味になるように空欄を埋めるとき、最も適当なものを、それぞれ①〜④の中から1つ選びなさい。

(6) 私の家は5人家族です。
　　我家有五(　　)人。
　　①张　　　　②辆　　　　③口　　　　④枚

(7) 明後日は何曜日ですか？
　　后天星期(　　)?
　　①几　　　　②哪　　　　③呢　　　　④何

(8) 図書館はどのように行きますか？
　　到图书馆(　　)走?
　　①那么　　　②要么　　　③好么　　　④怎么

(9) 彼は車を2台持っています。
　　他有两(　　)汽车。
　　①口　　　　②辆　　　　③张　　　　④箱

(10) あなたは今年何歳ですか？
　　你今年(　　)?
　　①多久　　　②多大　　　③多少　　　④多老

3. (11)〜(15) の日本語の意味になるように、それぞれ①〜④を並べ替えたとき、[　　] 内に入るものはどれか、その番号を選びなさい。

(11) 彼の名前は何といいますか？
　　＿＿＿＿ [＿＿＿＿] ＿＿＿＿ ＿＿＿＿ ?
　　①什么　　②他　　　③名字　　④叫

9

(12) 母は小学校の先生ではありません。

　　我妈妈 ＿＿＿＿ ＿＿＿＿ [＿＿＿＿] ＿＿＿＿。
　　①老师　　②小学　　③是　　　④不

(13) 昨日あなたはどこへ行きましたか？

　　昨天 ＿＿＿＿ ＿＿＿＿ [＿＿＿＿] ＿＿＿＿ ?
　　①哪儿　　②你　　　③了　　　④去

(14) 私は映画を見るのがとても好きです。

　　我 ＿＿＿＿ [＿＿＿＿] ＿＿＿＿ ＿＿＿＿。
　　①电影　　②看　　　③很　　　④喜欢

(15) 私たちはスーパーへ買い物をしに行きます。

　　我们 ＿＿＿＿ ＿＿＿＿ [＿＿＿＿] ＿＿＿＿。
　　①买　　　②超市　　③去　　　④东西

2 (1)〜(5) の日本語を中国語に訳したとき、下線部の日本語に当たる中国語を漢字（簡体字）で書きなさい。なお、(1)・(2) は漢字 1 文字で、(3)〜(5) は漢字 2 文字で解答しなさい。

(1) 薬を<u>飲む</u>。

(2) バイクに<u>乗る</u>。

(3) <u>復習</u>する。

(4) すごく<u>うれしい</u>。

(5) とても<u>安い</u>。

1 1. これから読む（1）〜（5）の中国語と一致するものを、それぞれ①〜④の中から1つ選びなさい。

(026)（1）　① hè　② hú　③ hé　④ hù

(027)（2）　① kè　② kě　③ kù　④ kǔ

(028)（3）　① jiǎn　② zhuāng　③ jiāng　④ zhāng

(029)（4）　① pò　② pó　③ bó　④ bō

(030)（5）　① sāng　② sān　③ sǎn　④ sàn

2. （6）〜（10）のピンイン表記と一致するものを、それぞれ①〜④の中から1つ選びなさい。

(031)（6）fùxí　①　②　③　④

(032)（7）shǒuzhǐ　①　②　③　④

(033)（8）tánhuà　①　②　③　④

(034)（9）xīfú　①　②　③　④

(035)（10）jiǎndān　①　②　③　④

3. （11）〜（15）の日本語を中国語で言い表す場合、最も適当なものを、それぞれ①〜④の中から1つ選びなさい。

(036)（11）速い　①　②　③　④

(037)（12）夏　①　②　③　④

(038)（13）甘い　①　②　③　④

11

(039) (14) コップ
　　　① 　　　　　　　　　　　　②
　　　③ 　　　　　　　　　　　　④

(040) (15) 財布
　　　① 　　　　　　　　　　　　②
　　　③ 　　　　　　　　　　　　④

2 1. (1)〜(5) の日本語を中国語で言い表す場合、最も適当なものを、それ
　　ぞれ①〜④の中から1つ選びなさい。

(041) (1) 2時45分
　　　① 　　　　　　　　　　　　②
　　　③ 　　　　　　　　　　　　④

(042) (2) 来週の金曜日
　　　① 　　　　　　　　　　　　②
　　　③ 　　　　　　　　　　　　④

(043) (3) 237元
　　　① 　　　　　　　　　　　　②
　　　③ 　　　　　　　　　　　　④

(044) (4) 午前
　　　① 　　　　　　　　　　　　②
　　　③ 　　　　　　　　　　　　④

(045) (5) 暑い
　　　① 　　　　　　　　　　　　②
　　　③ 　　　　　　　　　　　　④

2. (6)〜(10) のような場合、中国語ではどのように言うのが最も適当か、
　　それぞれ①〜④の中から1つ選びなさい。

(046) (6) 昼会ったとき
　　　① 　　　　　　　　　　　　②
　　　③ 　　　　　　　　　　　　④

(047) （7）お礼を言われたとき
    ①   ②
    ③   ④

(048) （8）久しぶりに会ったとき
    ①   ②
    ③   ④

(049) （9）夜寝るとき
    ①   ②
    ③   ④

(050) （10）お茶をすすめるとき
    ①   ②
    ③   ④

1 1. (1)～(5) の中国語の正しいピンインを表記を、それぞれ①～④の中から1つ選びなさい。

(1) 胖　　　① bàng　　　② pǎng　　　③ bǎng　　　④ pàng

(2) 轻　　　① qīng　　　② qǐn　　　③ qīn　　　④ qǐng

(3) 上课　　① xiàngkè　② shàngkè　③ xiànkè　④ shànkè

(4) 多少　　① duōxiao　② dōushao　③ duōshao　④ dōuxiao

(5) 电话　　① diànhuà　② diànhuò　③ diànfà　④ diànwà

2. (6)～(10) の日本語の意味になるように空欄を埋めるとき、最も適当なものを、それぞれ①～④の中から1つ選びなさい。

(6) 彼の携帯番号は何番ですか？
他的手机号码是（　）？
①哪个　　　　②几个　　　　③多少　　　　④多么

(7) 私は自転車に乗れないです。
我不（　）骑自行车。
①想　　　　　②会　　　　　③爱　　　　　④要

(8) 最近元気ですか？
最近你身体好（　）？
①哪　　　　　②呢　　　　　③啊　　　　　④吗

(9) 私は猫を2匹飼ったことがあります。
我养过两（　）猫。
①匹　　　　　②只　　　　　③支　　　　　④条

(10) このキムチは少し辛いです。
这辣白菜（　）辣。
①有一点　　　②放一点　　　③要一点　　　④少一点

3. (11)～(15) の日本語の意味になるように、それぞれ①～④を並べ替えたとき、［　］内に入るものはどれか、その番号を選びなさい。

(11) 来年私は中国旅行に行くつもりです。
明年我 ＿＿＿＿ ［ ＿＿＿＿ ］ ＿＿＿＿ ＿＿＿＿。
①中国　　②去　　　③旅游　　④打算

(12) 私はレストランでご飯を食べます。
    　　我 _____ _____ [_____] _____。
    　　①吃　　　②餐厅　　　③饭　　　④在

(13) 私は彼より背が高い。
    　　我 _____ [_____] _____ _____。
    　　①他　　　②高　　　③个子　　　④比

(14) それは誰の辞書ですか？
    　　那 _____ [_____] _____ _____？
    　　①词典　　②是　　　③谁　　　④的

(15) あなたの趣味は何ですか？
    　　你 _____ [_____] _____ _____？
    　　①是　　　②爱好　　　③的　　　④什么

2 (1)〜(5) の日本語を中国語に訳したとき、下線部の日本語に当たる中国語
　　を漢字（簡体字）で書きなさい。なお、(1)・(2) 漢字 1 文字で、(3)〜(5)
　　は漢字 2 文字で解答しなさい。

(1) 中国へ<u>行く</u>。

(2) ジュースを<u>飲む</u>。

(3) <u>何</u>をする？

(4) <u>手紙を書く</u>。

(5) この料理は<u>おいしい</u>。

1 1. これから読む（1）〜（5）の中国語と一致するものを、それぞれ①〜④の中から1つ選びなさい。

(051) （1）　　　① xìng　　② xìn　　③ xīn　　④ xīng

(052) （2）　　　① zhū　　② jù　　③ zhù　　④ jū

(053) （3）　　　① yǐng　　② yíng　　③ yǐn　　④ yín

(054) （4）　　　① lóu　　② ròu　　③ lòu　　④ róu

(055) （5）　　　① chuàn　　② chuāng　　③ chuǎng　　④ chuān

2.（6）〜（10）のピンイン表記と一致するものを、それぞれ①〜④の中から1つ選びなさい。

(056) （6）zìdiǎn　　　①　　　②　　　③　　　④

(057) （7）cōngming　　①　　　②　　　③　　　④

(058) （8）lìshǐ　　　①　　　②　　　③　　　④

(059) （9）shàngxué　　①　　　②　　　③　　　④

(060) （10）zázhì　　　①　　　②　　　③　　　④

3.（11）〜（15）の日本語を中国語で言い表す場合、最も適当なものを、それぞれ①〜④の中から1つ選びなさい。

(061) （11）韓国語
　　　　　①　　　　　　　　　　②
　　　　　③　　　　　　　　　　④

(062) （12）短い
　　　　　①　　　　　　　　　　②
　　　　　③　　　　　　　　　　④

(063) （13）テレビ
　　　　　①　　　　　　　　　　②
　　　　　③　　　　　　　　　　④

🎧064 (14) 口
　　　　　① 　　　　　　　　　　　　②
　　　　　③ 　　　　　　　　　　　　④

🎧065 (15) 友達
　　　　　① 　　　　　　　　　　　　②
　　　　　③ 　　　　　　　　　　　　④

2 1. (1)〜(5) の日本語を中国語で言い表す場合、最も適当なものを、それ
　　　ぞれ①〜④の中から1つ選びなさい。

🎧066 (1) 172
　　　　　① 　　　　　　　　　　　　②
　　　　　③ 　　　　　　　　　　　　④

🎧067 (2) 2020年
　　　　　① 　　　　　　　　　　　　②
　　　　　③ 　　　　　　　　　　　　④

🎧068 (3) 先週の日曜日
　　　　　① 　　　　　　　　　　　　②
　　　　　③ 　　　　　　　　　　　　④

🎧069 (4) 5時半
　　　　　① 　　　　　　　　　　　　②
　　　　　③ 　　　　　　　　　　　　④

🎧070 (5) 明日午後
　　　　　① 　　　　　　　　　　　　②
　　　　　③ 　　　　　　　　　　　　④

　　2. (6)〜(10) のような場合、中国語ではどのように言うのが最も適当か、
　　　それぞれ①〜④の中から1つ選びなさい。

🎧071 (6) 名前を聞くとき
　　　　　① 　　　　　　　　　　　　②
　　　　　③ 　　　　　　　　　　　　④

（072）（7）相手を歓迎するとき
      ①   ②
      ③   ④

（073）（8）待ってもらうとき
      ①   ②
      ③   ④

（074）（9）お礼を言うとき
      ①   ②
      ③   ④

（075）（10）部屋に入るようすすめるとき
      ①   ②
      ③   ④

1 1. （1）〜（5）の中国語の正しいピンインを表記を、それぞれ①〜④の中から1つ選びなさい。

（1）慢　　　　①màn　　　②nàn　　　③màng　　　④nàng

（2）贵　　　　①guàn　　　②kuì　　　③guì　　　④kuài

（3）食堂　　　①xítáng　　②shítáng　　③shítán　　④xítán

（4）司机　　　①sūqī　　　②sīqī　　　③sūjī　　　④sījī

（5）介绍　　　①jièshào　②qièshào　③jièxiào　④qièxiào

2. （6）〜（10）の日本語の意味になるように空欄を埋めるとき、最も適当なものを、それぞれ①〜④の中から1つ選びなさい。

（6）私の兄は三か国語できます。
　　我哥哥会三（　　）外语。
　　①课　　　②国　　　③门　　　④话

（7）あなたは紅茶それともコーヒーを飲みますか？
　　你喝红茶（　　）喝咖啡?
　　①还是　　②还有　　③还要　　④还好

（8）ちょっと説明してください。
　　请说明（　　）。
　　①一口　　②一句　　③一言　　④一下

（9）今日あなたは疲れているので、早く休みなさい。
　　今天你累了，（　　）休息吧。
　　①早上　　②早点　　③早早　　④早着

（10）あなたは何をしているのですか？
　　你忙什么（　　）?
　　①呢　　　②吗　　　③了　　　④哪

3. （11）〜（15）の日本語の意味になるように、それぞれ①〜④を並べ替えたとき、[　　]内に入るものはどれか、その番号を選びなさい。

（11）どうぞよろしくお願いします。
　　_____ _____ [_____] _____。
　　①您　　　②多多　　③请　　　④关照

19

（12）初めまして、私は山田といいます。
_____ _____ [_____] _____，我姓山田。
①见　　②初　　③面　　④次

（13）私たちの教室はとてもきれいです。
我们 _____ _____ [_____] _____。
①教室　②干净　③非常　④的

（14）彼にはとてもたくさんの外国人の知り合いがいます。
他 _____ [_____] _____ _____。
①朋友　②有　　③外国　④很多

（15）私は飛行場へ彼女を送りに行きます。
我 _____ [_____] _____ _____。
①她　　②机场　③送　　④去

2 (1)〜(5) の日本語を中国語に訳したとき、下線部の日本語に当たる中国語を漢字（簡体字）で書きなさい。なお、(1)・(2) 漢字 1 文字で、(3)〜(5) は漢字 2 文字で解答しなさい。

（1）歩く。

（2）図書館まで遠い。

（3）出勤する。

（4）小学校の先生。

（5）私はフランス料理が好きです。

1 1. これから読む（1）〜（5）の中国語と一致するものを、それぞれ①〜④ の中から1つ選びなさい。

(076) （1）　　　　①zhēng　②zhōng　③zhòng　④zhèng

(077) （2）　　　　①qí　②chí　③qǐ　④chī

(078) （3）　　　　①mǐn　②míng　③mìng　④mín

(079) （4）　　　　①jǐn　②jǐng　③jìn　④jìng

(080) （5）　　　　①zhuī　②zuì　③zhuì　④zuǐ

2. （6）〜（10）のピンイン表記と一致するものを、それぞれ①〜④の中か ら1つ選びなさい。

(081) （6）qǐchuáng　①　　　②　　　③　　　④

(082) （7）yìqǐ　①　　　②　　　③　　　④

(083) （8）wǎnshang　①　　　②　　　③　　　④

(084) （9）xiūxi　①　　　②　　　③　　　④

(085) （10）tángguǒ　①　　　②　　　③　　　④

3. （11）〜（15）の日本語を中国語で言い表す場合、最も適当なものを、そ れぞれ①〜④の中から1つ選びなさい。

(086) （11）黄色
　　　　①　　　　　　　　　②
　　　　③　　　　　　　　　④

(087) （12）パン
　　　　①　　　　　　　　　②
　　　　③　　　　　　　　　④

(088) （13）来年
　　　　①　　　　　　　　　②
　　　　③　　　　　　　　　④

21

（14）後ろ
　　①　　　　　　　　　　　　　②
　　③　　　　　　　　　　　　　④

（15）少ない
　　①　　　　　　　　　　　　　②
　　③　　　　　　　　　　　　　④

2 1. （1）〜（5）の日本語を中国語で言い表す場合、最も適当なものを、それ
　　　ぞれ①〜④の中から１つ選びなさい。

（1）16歳
　　①　　　　　　　　　　　　　②
　　③　　　　　　　　　　　　　④

（2）180
　　①　　　　　　　　　　　　　②
　　③　　　　　　　　　　　　　④

（3）先週の土曜日
　　①　　　　　　　　　　　　　②
　　③　　　　　　　　　　　　　④

（4）2001年
　　①　　　　　　　　　　　　　②
　　③　　　　　　　　　　　　　④

（5）４時57分
　　①　　　　　　　　　　　　　②
　　③　　　　　　　　　　　　　④

　　2. （6）〜（10）のような場合、中国語ではどのように言うのが最も適当か、
　　　それぞれ①〜④の中から１つ選びなさい。

（6）曜日を聞くとき
　　①　　　　　　　　　　　　　②
　　③　　　　　　　　　　　　　④

(097) (7) 朝、人と会ったとき
　　　　① 　　　　　　　　　　　②
　　　　③ 　　　　　　　　　　　④

(098) (8) 値段がいくらか聞くとき
　　　　① 　　　　　　　　　　　②
　　　　③ 　　　　　　　　　　　④

(099) (9) 誕生日を祝うとき
　　　　① 　　　　　　　　　　　②
　　　　③ 　　　　　　　　　　　④

(100) (10) 人を見送るとき
　　　　① 　　　　　　　　　　　②
　　　　③ 　　　　　　　　　　　④

1 1. (1)〜(5) の中国語の正しいピンインを表記を、それぞれ①〜④の中から1つ選びなさい。

(1) 走　　①zuǒ　　②zòu　　③zǒu　　④zuò

(2) 忘　　①wàng　②wǎn　③wàn　④wǎng

(3) 银行　①yínhán　②yínháng　③yínghǎng　④yínghán g

(4) 认真　①rènjiān　②rěnzhēn　③rěnjiān　④rènzhēn

(5) 房间　①fángjiān　②fánjiāng　③fángjiāng　④fánjiān

2. (6)〜(10) の日本語の意味になるように空欄を埋めるとき、最も適当なものを、それぞれ①〜④の中から1つ選びなさい。

(6) 私は洋服を一着買いました。
我买了一（　）衣服。
①着　②件　③枚　④张

(7) 今日の北京の天気はどうですか?
今天北京天气（　）?
①怎么了　②怎么呢　③怎么办　④怎么样

(8) あの方は誰ですか?
那（　）人是谁?
①国　②位　③个　④样

(9) 明日あなたは時間ありますか?
明天你有（　）吗?
①空　②时　③闲　④的

(10) もう一度言ってもらってもいいですか?
再说一（　）好吗?
①度　②遍　③会　④趟

3. (11)〜(15) の日本語の意味になるように、それぞれ①〜④を並べ替えたとき、[　] 内に入るものはどれか、その番号を選びなさい。

(11) これらあわせていくらですか?
_____ [_____] _____ _____?
①一共　②这些　③钱　④多少

(12) 先ほど彼の声が聞こえました。
我 ＿＿＿＿ [＿＿＿＿] ＿＿＿＿ ＿＿＿＿。
①刚才　②他的　③声音　④听见

(13) 明日午前私は家にいないと思います。
明天上午我 ＿＿＿＿ [＿＿＿＿] ＿＿＿＿ ＿＿＿＿。
①家　②可能　③不　④在

(14) この子は英語がとても上手です。
这孩子 ＿＿＿＿ ＿＿＿＿ [＿＿＿＿] ＿＿＿＿。
①得　②说　③很好　④英语

(15) あなたはどこで彼女を見かけましたか？
你 ＿＿＿＿ [＿＿＿＿] ＿＿＿＿ ＿＿＿＿？
①在哪儿　②的　③她　④见

2 (1)～(5) の日本語を中国語に訳したとき、下線部の日本語に当たる中国語を漢字（簡体字）で書きなさい。なお、(1)・(2) 漢字1文字で、(3)～(5) は漢字2文字で解答しなさい。

(1) お金を忘れた。

(2) 携帯を買う。

(3) 部屋を掃除する。

(4) 帰宅する。

(5) コーヒーを飲む。

1 1. これから読む（1）～（5）の中国語と一致するものを、それぞれ①～④の中から１つ選びなさい。

（101）（1）　　①shú　　②xú　　③xǔ　　④shù

（102）（2）　　①bàng　　②bān　　③bāng　　④bǎn

（103）（3）　　①shǎng　　②xiàng　　③shàng　　④xiǎng

（104）（4）　　①píng　　②pǐn　　③qǐng　　④qín

（105）（5）　　①tǐng　　②dǐng　　③tīng　　④dīng

2.（6）～（10）のピンイン表記と一致するものを、それぞれ①～④の中から１つ選びなさい。

（106）（6）bàozhǐ　　①　　②　　③　　④

（107）（7）hànzì　　①　　②　　③　　④

（108）（8）gāngbǐ　　①　　②　　③　　④

（109）（9）cānguān　　①　　②　　③　　④

（110）（10）jìdào　　①　　②　　③　　④

3.（11）～（15）の日本語を中国語で言い表す場合、最も適当なものを、それぞれ①～④の中から１つ選びなさい。

（111）（11）冬休み
　　　　①　　　　　　　　　②
　　　　③　　　　　　　　　④

（112）（12）食堂
　　　　①　　　　　　　　　②
　　　　③　　　　　　　　　④

（113）（13）テニス
　　　　①　　　　　　　　　②
　　　　③　　　　　　　　　④

(114)（14）昼食
　　　①　　　　　　　　　　　　②
　　　③　　　　　　　　　　　　④

(115)（15）コーヒー
　　　①　　　　　　　　　　　　②
　　　③　　　　　　　　　　　　④

2 1.（1）～（5）の日本語を中国語で言い表す場合、最も適当なものを、それ
　　ぞれ①～④の中から1つ選びなさい。

(116)　（1）来週の火曜日
　　　　①　　　　　　　　　　　②
　　　　③　　　　　　　　　　　④

(117)　（2）8時58分
　　　　①　　　　　　　　　　　②
　　　　③　　　　　　　　　　　④

(118)　（3）140
　　　　①　　　　　　　　　　　②
　　　　③　　　　　　　　　　　④

(119)　（4）3日間
　　　　①　　　　　　　　　　　②
　　　　③　　　　　　　　　　　④

(120)　（5）65歳
　　　　①　　　　　　　　　　　②
　　　　③　　　　　　　　　　　④

　　2.（6）～（10）のような場合、中国語ではどのように言うのが最も適当か、
　　　それぞれ①～④の中から1つ選びなさい。

(121)　（6）夜、人と会ったとき
　　　　①　　　　　　　　　　　②
　　　　③　　　　　　　　　　　④

(122) （7）新年のあいさつをするとき
　　①　　　　　　　　　　　②
　　③　　　　　　　　　　　④

(123) （8）人を待たせたとき
　　①　　　　　　　　　　　②
　　③　　　　　　　　　　　④

(124) （9）後ほど会う人へ言うとき
　　①　　　　　　　　　　　②
　　③　　　　　　　　　　　④

(125) （10）人に褒められたとき
　　①　　　　　　　　　　　②
　　③　　　　　　　　　　　④

1 1. (1)〜(5) の中国語の正しいピンインを表記を、それぞれ①〜④の中から1つ選びなさい。

(1) 脚　　　① qiǎo　　② jiǎo　　③ qiáo　　④ jiáo

(2) 船　　　① chuán　② quáng　③ quán　　④ chuáng

(3) 知道　　① zhītao　② jīdao　③ jītao　　④ zhīdao

(4) 东西　　① tōngxi　② dōngxī　③ dōngxi　④ tōngxī

(5) 肚子　　① dùzi　　② tùzu　　③ tùzi　　④ dùzu

2. (6)〜(10) の日本語の意味になるように空欄を埋めるとき、最も適当なものを、それぞれ①〜④の中から1つ選びなさい。

(6) あなたはこの小説を読んだことがありますか？
　　你看过这(　)小说吗?
　　①遍　　②页　　③本　　④回

(7) 彼は今日また来ました！
　　他今天(　)来了！
　　①还　　②回　　③要　　④又

(8) 私たち一緒に中国語会話練習しませんか？
　　我们一起练习汉语会话(　)?
　　①吧　　②么　　③呢　　④吗

(9) 夏休みはもうすぐです。
　　暑假马上(　)到了。
　　①去　　②就　　③会　　④来

(10) 私の誕生日はとても楽しかったです。
　　我生日过(　)很愉快。
　　①得　　②地　　③了　　④的

3. (11)〜(15) の日本語の意味になるように、それぞれ①〜④を並べ替えたとき、[　]内に入るものはどれか、その番号を選びなさい。

(11) 私と弟は一緒に学校へ行きます。
　　我 ＿＿＿＿ [＿＿＿＿] ＿＿＿＿ ＿＿＿＿。
　　①去　　②跟弟弟　③学校　　④一起

(12) 私は毎日車で会社に出勤します。

我 ＿＿＿＿ ＿＿＿＿ [＿＿＿＿] ＿＿＿＿。
①去公司　②上班　③每天　④开车

(13) 彼は私を食事に招いてくれました。

他 ＿＿＿＿ [＿＿＿＿] ＿＿＿＿ ＿＿＿＿。
①了　　②请　　③吃饭　④我

(14) ここでタバコを吸ってもいいですか？

＿＿＿＿ [＿＿＿＿] ＿＿＿＿ ＿＿＿＿？
①抽烟　②吗　　③可以　④这儿

(15) 私の中国語は話すのが速いですか？

我 ＿＿＿＿ [＿＿＿＿] ＿＿＿＿ ＿＿＿＿？
①得　　②说　　③快不快　④汉语

2 (1)～(5) の日本語を中国語に訳したとき、下線部の日本語に当たる中国語を漢字（簡体字）で書きなさい。なお、(1)・(2) 漢字1文字で、(3)～(5) は漢字2文字で解答しなさい。

(1) 今年の夏は暑い。

(2) テレビを見る。

(3) 朝ご飯を食べる。

(4) 今夏休みです。

(5) 時間がない。

1 1. これから読む (1)〜(5) の中国語と一致するものを、それぞれ①〜④ の中から１つ選びなさい。

(126) (1) 　　① jiān 　　② jiàn 　　③ qiān 　　④ qiàn

(127) (2) 　　① yǔ 　　② yú 　　③ yóu 　　④ yǒu

(128) (3) 　　① zhèng 　　② zhǒng 　　③ zhěng 　　④ zhòng

(129) (4) 　　① cóng 　　② chēng 　　③ chǒng 　　④ chéng

(130) (5) 　　① jǐ 　　② zhǐ 　　③ jí 　　④ zhì

2. (6)〜(10) のピンイン表記と一致するものを、それぞれ①〜④の中から１つ選びなさい。

(131) (6) shuǐjiǎo 　　① 　　② 　　③ 　　④

(132) (7) sùshè 　　① 　　② 　　③ 　　④

(133) (8) liánxì 　　① 　　② 　　③ 　　④

(134) (9) jīhuì 　　① 　　② 　　③ 　　④

(135) (10) shāngliang 　　① 　　② 　　③ 　　④

3. (11)〜(15) の日本語を中国語で言い表す場合、最も適当なものを、それぞれ①〜④の中から１つ選びなさい。

(136) (11) 昨日
　　　① 　　　　　　　　　　②
　　　③ 　　　　　　　　　　④

(137) (12) 兄
　　　① 　　　　　　　　　　②
　　　③ 　　　　　　　　　　④

(138) (13) 買う
　　　① 　　　　　　　　　　②
　　　③ 　　　　　　　　　　④

31

🎧 (139) (14) イギリス
　　　① 　　　　　　　　　　　②
　　　③ 　　　　　　　　　　　④

🎧 (140) (15) お腹
　　　① 　　　　　　　　　　　②
　　　③ 　　　　　　　　　　　④

2 1. (1)〜(5) の日本語を中国語で言い表す場合、最も適当なものを、それぞれ①〜④の中から１つ選びなさい。

🎧 (141) (1) ２時15分
　　　① 　　　　　　　　　　　②
　　　③ 　　　　　　　　　　　④

🎧 (142) (2) 120
　　　① 　　　　　　　　　　　②
　　　③ 　　　　　　　　　　　④

🎧 (143) (3) ６日間
　　　① 　　　　　　　　　　　②
　　　③ 　　　　　　　　　　　④

🎧 (144) (4) 先週の金曜日
　　　① 　　　　　　　　　　　②
　　　③ 　　　　　　　　　　　④

🎧 (145) (5) 72歳
　　　① 　　　　　　　　　　　②
　　　③ 　　　　　　　　　　　④

2. (6)〜(10) のような場合、中国語ではどのように言うのが最も適当か、それぞれ①〜④の中から１つ選びなさい。

🎧 (146) (6) 相手に聞き直すとき
　　　① 　　　　　　　　　　　②
　　　③ 　　　　　　　　　　　④

(147) (7) 時間を聞くとき
① ②
③ ④

(148) (8) 相手を紹介するとき
① ②
③ ④

(149) (9) 相手に面倒をかけたとき
① ②
③ ④

(150) (10) 座るようにすすめるとき
① ②
③ ④

1 1. (1)～(5) の中国語の正しいピンインを表記を、それぞれ①～④の中から1つ選びなさい。

(1)　路　　　　　① lù　　　　② rǔ　　　　③ rù　　　　④ lǔ

(2)　墙　　　　　① cháng　　② qiǎng　　③ qiáng　　④ chǎng

(3)　一样　　　　① yīyòng　　② yíyàng　　③ yíyòng　　④ yīyàng

(4)　椅子　　　　① yǐzu　　　② yǐzǐ　　　③ yǐzǔ　　　④ yǐzi

(5)　小姐　　　　① xiǎojie　　② shǎojiě　　③ shǎojie　　④ xiàojiě

2. (6)～(10) の日本語の意味になるように空欄を埋めるとき、最も適当なものを、それぞれ①～④の中から1つ選びなさい。

(6) 今3時15分です。
　　现在三点一（　　）。
　　①分　　②秒　　③刻　　④时

(7) 私は今中国語を勉強しています。
　　我（　　）学习汉语呢。
　　①正在　　②还没　　③还　　④来

(8) 私も王先生が好きです。
　　我（　　）喜欢王老师。
　　①想　　②也　　③还　　④会

(9) 私たちクラスの生徒は、真面目に勉強しています。
　　我们班的学生学习（　　）很认真。
　　①的　　②地　　③着　　④得

(10) 部屋のエアコンはまだつけていますよ。
　　房间里的空调还开（　　）呢。
　　①好　　②着　　③了　　④过

3. (11)～(15) の日本語の意味になるように、それぞれ①～④を並べ替えたとき、[　　] 内に入るものはどれか、その番号を選びなさい。

(11) この本は誰のですか？
　　＿＿＿＿ ＿＿＿＿ [＿＿＿＿] ＿＿＿＿？
　　①谁　　②是　　③的　　④这本书

(12) 今 7 時57分です。

_____ _____ [_____] _____
①八点　②差　　③現在　④三分

(13) 一昨日あなたたちはどこへ行きましたか？

前天 _____ [_____] _____ _____ ?
①哪儿　②了　　③你们　④去

(14) ちょっと手伝って頂けませんか？

你 _____ [_____] _____ _____ ?
①帮　　②能不能　③一下　④我

(15) 私は二年間中国語を勉強しました。

我 _____ _____ [_____] _____。
①过　　②汉语　③学　　④两年

2  (1)〜(5) の日本語を中国語に訳したとき、下線部の日本語に当たる中国語を漢字（簡体字）で書きなさい。なお、(1)・(2) 漢字 1 文字で、(3)〜(5) は漢字 2 文字で解答しなさい。

(1) 英語を話す。

(2) 歌を歌う。

(3) 宿題をする。

(4) 車を運転する。

(5) 写真を撮る。

1 (1)〜(10) の中国語の問いを聞き、答えとして最も適当なものを、それぞれ①〜④の中から1つ選びなさい。

(151) (1)
　　　　　① 　　　　② 　　　　③ 　　　　④

(152) (2)
　　　　　① 　　　　② 　　　　③ 　　　　④

(153) (3)
　　　　　① 　　　　② 　　　　③ 　　　　④

(154) (4)
　　　　　① 　　　　② 　　　　③ 　　　　④

(155) (5)
　　　　　① 　　　　② 　　　　③ 　　　　④

(156) (6)
　　　　　① 　　　　② 　　　　③ 　　　　④

(157) (7)
　　　　　① 　　　　② 　　　　③ 　　　　④

(158) (8)
　　　　　① 　　　　② 　　　　③ 　　　　④

(159) (9)
　　　　　① 　　　　② 　　　　③ 　　　　④

(160) (10)
　　　　　① 　　　　② 　　　　③ 　　　　④

2 中国語を聞き、(1)〜(10) の問いの答えとして最も適当なものを、それぞれ (1)〜(4) の中から1つ選びなさい。

(161)

メモ欄

(1)〜(5)の問いは音声のみで、文字の印刷はありません。

(1)
    ①   ②   ③   ④

(2)
    ①   ②   ③   ④

(3)
    ①   ②   ③   ④

(4)
    ①   ②   ③   ④

(5)
    ①   ②   ③   ④

162

メモ欄

(6) 我是哪国人?
    ①   ②   ③   ④

(7) 我家有几口人?
    ①   ②   ③   ④

(8) 我妈妈的工作是什么?
    ①   ②   ③   ④

(9) 我哥哥多大?
    ①   ②   ③   ④

(10) 我和家人喜欢什么菜?
    ①   ②   ③   ④

1 1. (1)〜(5) の中国語で声調の組み合わせが<u>他と異なるもの</u>を、それぞれ
①〜④の中から1つ選びなさい。

(1) 　①国际　　②邮票　　③水平　　④服务

(2) 　①比赛　　②笑话　　③马上　　④早饭

(3) 　①菜单　　②夏天　　③汽车　　④预习

(4) 　①课本　　②作用　　③日语　　④自己

(5) 　①英语　　②工厂　　③开始　　④牛奶

2. (6)〜(10) の中国語の正しいピンイン表記を、それぞれ①〜④の中から1つ選びなさい。

(6) 紧张　① jǐngzhāng　② jǐnzhāng　③ jǐngjiāng　④ jǐnjiāng

(7) 首都　① shǒudū　② shǔdōu　③ shǔdū　④ shǒudōu

(8) 打工　① dǎkòng　② dǎgòng　③ dǎkōng　④ dǎgōng

(9) 友好　① yǔhǎo　② yǒuhǎo　③ yǒuhào　④ yúhǎo

(10) 完成　① wángchéng　② wánchéng　③ wǎngchén　④ wǎnchén

2 (1)〜(10) の中国語の空欄を埋めるのに最も適当なものを、それぞれ①〜④の中から1つ選びなさい。

(1) 今天我有两（　）课。
　①节　　②首　　③位　　④把

(2) 她歌唱（　）好不好?
　①的　　②地　　③得　　④真

(3) 你喝咖啡（　）喝茶?
　①还有　　②还是　　③还　　④想

(4) 今天累（　）了。
　①的　　②很　　③太　　④死

(5) 同学都去了，你（　）不去?
　①为了　　②什么　　③怎么　　④那么

(6) 在我的印象（　）他是个好人。
　①中　　②上　　③下　　④间

(7) 你（　）做作业。
　①对　　②得　　③地　　④的

(8) 今天（　）热了。
　　①好　　②才　　③就　　④太

(9) 我（　）也不累。
　　①有点儿　　②很　　③真　　④一点儿

(10) 你会不会（　）二胡?
　　①拉　　②打　　③弹　　④吹

3 1. (1)～(5) の日本語の意味に合う中国語を、それぞれ①～④の中から1
　　つ選びなさい。

(1) 中国の歌を聞いたことがありますか。
　　①你中国歌听过吗?
　　②你听过中国歌吗?
　　③你过中国歌听吗?
　　④你听中国歌过吗?

(2) 私は英語をあまりうまく話せません。
　　①我说英语得不太好。
　　②我说得英语不太好。
　　③我不太好说得英语。
　　④我英语说得不太好。

(3) ここでタバコを吸ってもいいですか。
　　①这儿抽烟可以吗?
　　②这儿可以抽烟吗?
　　③抽烟这儿可以吗?
　　④烟这儿抽可以吗?

(4) 私は自転車で出勤します。
　　①我骑自行车上班。
　　②我上班骑自行车。
　　③我骑上班自行车。
　　④我自行车骑上班。

(5) 今1時45分です。
　　①现在一刻差两点。
　　②现在两点一刻差。
　　③现在差一刻两点。
　　④现在差两点一刻。

2. (6)～(10) の日本語の意味になるように、それぞれ①～④を並べ替えたとき、[   ] 内に入るものはどれか、その番号を選びなさい。

(6) これらの本はすべて彼女のです。

这些书 ＿＿＿＿ [＿＿＿＿] ＿＿＿＿ ＿＿＿＿。
①她　　　②的　　　③是　　　④都

(7) 私は明日午後友人に会いに行くつもりです。

明天下午我 ＿＿＿＿ [＿＿＿＿] ＿＿＿＿ ＿＿＿＿。
①朋友　　②去　　　③见　　　④打算

(8) 彼らは教室で読書をしています。

他们 ＿＿＿＿ ＿＿＿＿ [＿＿＿＿] ＿＿＿＿。
①看　　　②教室　　③在　　　④书

(9) 私たちは明後日どこで会いましょうか。

我们 ＿＿＿＿ [＿＿＿＿] ＿＿＿＿ ＿＿＿＿?
①见面　　②在　　　③后天　　④哪儿

(10) 私は郵便局で働きたいです。

我 ＿＿＿＿ ＿＿＿＿ [＿＿＿＿] ＿＿＿＿。
①在　　　②工作　　③邮局　　④想

4 次の文章を読み (1)～(6) の問いの答えとして最も適当なものを、それぞれ①～④の中から１つ選びなさい。

　我叫工藤优作,现在上大学二年级。我在大学里学（ 1 ）半年汉语。汉语的发音很难,我只（ 2 ）说几个简单的单词。今年三月我一个人去台湾,旅行了一个星期。（ 3 ）我的汉语不好,（ 3 ）台湾人都非常热情,我玩儿得很开心。
　有一天,我坐公共汽车的时候,不知道（ 4 ）买票,我旁边的一位老伯特意走过来用日语说:"要把钱投进这里"。我很感动,马上用汉语跟他说"多谢,多谢！"。回到日本,我决心要（ 5 ）汉语学好。现在,我打工的地方有很多中国客人。我经常用汉语和他们聊天儿。

(1) 空欄（1）を埋めるのに適当なものは、次のどれか。

①地　　　②的　　　③过　　　④得

(2) 空欄（2）を埋めるのに適当なものは、次のどれか。

①会　　　②有　　　③能　　　④在

(3) 空欄（3）を埋めるのに適当なものは、次のどれか。

①因为……所以　　②因为……不过
③虽然……所以　　④虽然……可是

(4) 空欄（4）を埋めるのに適当なものは、次のどれか。
　　①什么　　②谁　　　③哪儿　　④怎么

(5) 空欄（5）を埋めるのに適当なものは、次のどれか。
　　①被　　　②把　　　③让　　　④能

(6) 本文の内容と<u>一致しないもの</u>は、次のどれか。
　　①我在台湾玩得非常开心。
　　②我的汉语很好，所以去台湾旅行。
　　③回到日本后我努力学习汉语。
　　④现在我喜欢和客人用汉语聊天。

5 (1)〜(5) の日本語を中国語に訳して、漢字（簡体字）で書きなさい。

(1) 私は図書館でバイトをしたい。

(2) この洋服は安くてきれいです。

(3) 昨日彼は来ませんでした。

(4) 台湾は九州ほど広くありません。

(5) 教室に椅子が20脚あります。

1 (1)〜(10) の中国語の問いを聞き、答えとして最も適当なものを、それぞれ①〜④の中から 1 つ選びなさい。

（163） (1)

① ② ③ ④

（164） (2)

① ② ③ ④

（165） (3)

① ② ③ ④

（166） (4)

① ② ③ ④

（167） (5)

① ② ③ ④

（168） (6)

① ② ③ ④

（169） (7)

① ② ③ ④

（170） (8)

① ② ③ ④

（171） (9)

① ② ③ ④

（172） (10)

① ② ③ ④

2 中国語を聞き、(1)〜(10) の問いの答えとして最も適当なものを、それぞれ (1)〜(4) の中から 1 つ選びなさい。

（173）

```
メモ欄




```

(1)〜(5)の問いは音声のみで、文字の印刷はありません。

(1)
    ①   ②   ③   ④

(2)
    ①   ②   ③   ④

(3)
    ①   ②   ③   ④

(4)
    ①   ②   ③   ④

(5)
    ①   ②   ③   ④

(174)

メモ欄

(6) 我现在几年级?
    ①   ②   ③   ④

(7) 我想去日本的什么地方留学?
    ①   ②   ③   ④

(8) 我想考什么专业?
    ①   ②   ③   ④

(9) 我为什么想去东京?
    ①   ②   ③   ④

(10) 去年我和谁一起去了日本?
    ①   ②   ③   ④

1 1. (1)～(5)の中国語で声調の組み合わせが<u>他と異なるもの</u>を、それぞれ①～④の中から1つ選びなさい。

(1) 　　①晚饭　　②打算　　③喜欢　　④早上

(2) 　　①内容　　②问题　　③害怕　　④价格

(3) 　　①去年　　②护照　　③特别　　④热情

(4) 　　①美国　　②本来　　③可能　　④好看

(5) 　　①沙发　　②参加　　③西瓜　　④机会

2. (6)～(10)の中国語の正しいピンイン表記を、それぞれ①～④の中から1つ選びなさい。

(6) 长城　① Chánchéng　② Chǎngchéng　③ Chángchéng　④ Chǎnchéng

(7) 辛苦　① xìngkǔ　② xīnkǔ　③ xīngkǔ　④ xìnkǔ

(8) 区别　① chūbié　② qùbié　③ chùbié　④ qūbié

(9) 农村　① nóngcūn　② nǒngchūn　③ nóngchūn　④ nǒngcūn

(10) 情况　① qínkuàn　② qíngkuàng　③ qíngkuàn　④ qínkuàng

2 (1)～(10)の中国語の空欄を埋めるのに最も適当なものを、それぞれ①～④の中から1つ選びなさい。

(1) 我买了一（　）电影票。
　　①支　　②张　　③条　　④枚

(2) 你的名字（　）写?
　　①怎么　②什么　③为什么　④那么

(3) 他是打的来（　）。
　　①地　　②着　　③的　　④在

(4) 他的话你听（　）懂吗?
　　①地　　②了　　③着　　④得

(5) 他上午来了，下午（　）来了。
　　①在　　②又　　③才　　④再

(6) 能不能（　）空调开一下?
　　①把　　②叫　　③被　　④给

(7) 大家都从教室跑（　）了。
　　①出来　②起来　③过去　④去

（8）我们正在上课（　）。
　　①了　　②吗　　③着　　④呢

（9）这（　）连衣裙真好看。
　　①件　　②双　　③把　　④只

（10）一直（　）前走，三分钟就到。
　　①再　　②又　　③往　　④对

3 1.（1）～（5）の日本語の意味に合う中国語を、それぞれ①～④の中から 1
　　つ選びなさい。

（1）食事をご馳走しますよ。
　　①我吃饭请你。
　　②你吃饭请我。
　　③我你吃饭请。
　　④我请你吃饭。

（2）私たちはみんな台湾へ行ったことがあります。
　　①我们去过都台湾。
　　②都我们去过台湾。
　　③我们都去过台湾。
　　④去过都我们台湾。

（3）彼の背は私より高いですか。
　　①他个子比我高吗?
　　②他比我高个子吗?
　　③我他比个子高吗?
　　④他我比个子高吗?

（4）あなたは中国に来てどれくらいですか。
　　①你中国来多长时间了?
　　②你来中国多长时间了?
　　③你多长时间来中国了?
　　④你来多长时间中国了?

（5）彼女の字はとてもきれいです。
　　①她字写写得很好。
　　②她字写字写得很好。
　　③她写得很好写字。
　　④她写得写字很好。

2. (6)～(10)の日本語の意味になるように、それぞれ①～④を並べ替え
たとき、[　　]内に入るものはどれか、その番号を選びなさい。

(6) 彼女は明日飛行機で上海へ行きます。
　　她明天 ＿＿＿＿ [＿＿＿＿] ＿＿＿＿ ＿＿＿＿。
　　①去　　　②坐　　　③上海　　④飞机

(7) 彼らは普段どこで買い物をしますか。
　　他们 ＿＿＿＿ [＿＿＿＿] ＿＿＿＿ ＿＿＿＿?
　　①在哪儿　②东西　　③平时　　④买

(8) 兄は私に本を一冊プレゼントしてくれました。
　　我哥哥 ＿＿＿＿ [＿＿＿＿] ＿＿＿＿ ＿＿＿＿。
　　①一本书　②给　　　③送　　　④我

(9) 私の父は今日は家にいません。
　　我爸爸 ＿＿＿＿ [＿＿＿＿] ＿＿＿＿ ＿＿＿＿。
　　①家　　　②今天　　③在　　　④不

(10) 同級生が外で待っています。
　　我 ＿＿＿＿ ＿＿＿＿ [＿＿＿＿] ＿＿＿＿ 呢。
　　①我　　　②同学　　③等　　　④在外面

4 次の文章を読み (1)～(6) の問いの答えとして最も適当なものを、それぞ
れ①～④の中から1つ選びなさい。

　　我们公司附近有一家小吃店，那里的早饭（ 1 ）便宜（ 1 ）好吃。我每天
上班之前都在这里买好早饭带到公司去吃。
　　有一天，新来的日本同事田中问我："你每天都带早饭来上班，这是你自己
做（ 2 ）吗?"我笑了笑说："不是，中国人不喜欢自己做早饭，这是在店里买
（ 2 ）。"田中说："是吗? 日本人一般都在家里吃早饭，很少出去吃。"我说："中
国的早饭（ 3 ）日本便宜，也很方便。这家店（ 4 ）在公司的对面，下次我带
你去（ 5 ）?"田中说："太好了，以后我也要经常出去吃早饭。"

(1) 空欄 (1) を埋めるのに適当なものは、次のどれか。
　　①越……越　　　②又……又　　　③除了……以外
　　④因为……所以

(2) 空欄 (2) を埋めるのに適当なものは、次のどれか。
　　①了……的　　　②了……了　　　③的……的
　　④的……了

（3）空欄（3）を埋めるのに適当なものは、次のどれか。
　　①从　　②到　　　③比　　④对

（4）空欄（4）を埋めるのに適当なものは、次のどれか。
　　①才　　②也　　　③就　　④都

（5）空欄（5）を埋めるのに**適当ではない**ものは、次のどれか。
　　①吧　　②怎么样　③好吗　④呢

（6）本文の内容と**一致しないもの**は、次のどれか。
　　①日本的早饭没有中国的贵。
　　②小吃店离我们公司很近。
　　③日本人一般不去外面吃早饭。
　　④中国人不喜欢在家做早饭。

5 （1）～（5）の日本語を中国語に訳して、漢字（簡体字）で書きなさい。

（1）私たちは明日どこから出発しますか。

（2）今日の朝食はおいしかった。

（3）私は毎晩8時に家に帰ります。

（4）あなたは買い物をするのが好きですか。

（5）この机はあの机より（値段が）高い。

1 (1)〜(10) の中国語の問いを聞き、答えとして最も適当なものを、それぞれ①〜④の中から1つ選びなさい。

(175) (1)
　①　　　　　②　　　　　③　　　　　④

(176) (2)
　①　　　　　②　　　　　③　　　　　④

(177) (3)
　①　　　　　②　　　　　③　　　　　④

(178) (4)
　①　　　　　②　　　　　③　　　　　④

(179) (5)
　①　　　　　②　　　　　③　　　　　④

(180) (6)
　①　　　　　②　　　　　③　　　　　④

(181) (7)
　①　　　　　②　　　　　③　　　　　④

(182) (8)
　①　　　　　②　　　　　③　　　　　④

(183) (9)
　①　　　　　②　　　　　③　　　　　④

(184) (10)
　①　　　　　②　　　　　③　　　　　④

2 中国語を聞き、(1)〜(10) の問いの答えとして最も適当なものを、それぞれ①〜④の中から1つ選びなさい。

(185)

メモ欄

(1)〜(5)の問いは音声のみで、文字の印刷はありません。

48

(1)
    ①   ②   ③   ④

(2)
    ①   ②   ③   ④

(3)
    ①   ②   ③   ④

(4)
    ①   ②   ③   ④

(5)
    ①   ②   ③   ④

(186)

メモ欄

(6) 我有几个兄弟姐妹?
    ①   ②   ③   ④

(7) 现在谁在大阪住着?
    ①   ②   ③   ④

(8) 我每年什么时候能见到弟弟?
    ①   ②   ③   ④

(9) 已经结婚的是谁?
    ①   ②   ③   ④

(10) 为什么父母不会觉得孤单?
    ①   ②   ③   ④

1 1. (1)〜(5)の中国語で声調の組み合わせが**他と異なるもの**を、それぞれ①〜④の中から1つ選びなさい。

(1) 　　①相信　　　②安排　　　③中药　　　④希望

(2) 　　①合作　　　②黄河　　　③着急　　　④人民

(3) 　　①文化　　　②习惯　　　③学校　　　④便宜

(4) 　　①考试　　　②米饭　　　③商店　　　④走路

(5) 　　①结婚　　　②提高　　　③钱包　　　④手机

2. (6)〜(10)の中国語の正しいピンイン表記を、それぞれ①〜④の中から1つ選びなさい。

(6) 空调　　① kōngdiáo　　② kōntiáo　　③ kōndiáo　　④ kōngtiáo

(7) 翻译　　① fànyì　　② fānyì　　③ fāngyì　　④ fàngyì

(8) 帮忙　　① pāngmáng　　② bānmáng　　③ bāngmáng　　④ pānmáng

(9) 歌曲　　① gēqǔ　　② gūqǔ　　③ gēchǔ　　④ gūchǔ

(10) 少年　　① xiǎonián　　② shāonián　　③ xiàonián　　④ shàonián

2 (1)〜(10)の中国語の空欄を埋めるのに最も適当なものを、それぞれ①〜④の中から1つ選びなさい。

(1) 你母亲今年（　）岁数?
　　①多少　　②多大　　③多久　　④什么

(2) 我会（　）钢琴。
　　①引　　　②拉　　　③敲　　　④弹

(3) 今天咱们要做（　）?
　　①什么　　②那么　　③怎么　　④哪么

(4) 星期六我和家人（　）去热海。
　　①一会　　②一直　　③一起　　④一共

(5) 今天我开车来的,（　）喝酒。
　　①不会　　②可能　　③不行　　④不能

(6) 在同学的帮助（　）, 我的汉语水平提高了。
　　①中　　　②下　　　③上　　　④间

(7) 我（　）一个姐姐。
　　①在　　　②有　　　③着　　　④得

(8) 我家(　)学校很近。
①在　　②从　　③靠　　④离

(9) 你到了告诉我一(　)吧。
①下　　②句　　③趟　　④回

(10) 冰箱里有饮料，你(　)喝吧。
①再　　②正好　　③随便　　④才

3 1. (1)〜(5) の日本語の意味に合う中国語を、それぞれ①〜④の中から1つ選びなさい。

(1) 午後は雨が降るかもしれません。
①下午可能下雨会。
②下午下雨会可能。
③下午可能会下雨。
④下午下雨会可能。

(2) お姉さんの料理の腕はどうですか。
①你姐姐做菜怎么样做得?
②你姐姐做得做菜怎么样?
③你姐姐做菜做得怎么样?
④你姐姐做得怎么样做菜?

(3) 彼氏が私に洋服をプレゼントしてくれました。
①一件衣服男朋友送给我。
②男朋友一件衣服送给我。
③男朋友送给我一件衣服。
④一件衣服给男朋友送我。

(4) あなたはご飯にしますか。それとも麺にしますか。
①吃米饭还是你吃面条?
②你吃米饭还是面条?
③你还是吃米饭面条?
④你吃米饭还是吃面条?

(5) 私は中国文化に興味があります。
①我对中国文化感兴趣。
②我对中国感兴趣文化。
③中国文化我对感兴趣。
④我感兴趣对中国文化。

51

2. (6)～(10) の日本語の意味になるように、それぞれ①～④を並べ替えたとき、[　　] 内に入るものはどれか、その番号を選びなさい。

(6) 私は自転車で銀行に行きます。
我 ＿＿＿＿＿ [＿＿＿＿＿] ＿＿＿＿＿ ＿＿＿＿＿。
①自行车　②骑　　③银行　④去

(7) 彼は少し韓国語を話すことができます。
他 ＿＿＿＿＿ [＿＿＿＿＿] ＿＿＿＿＿ ＿＿＿＿＿。
①会　　②韩语　　③一点儿　④说

(8) あのノートに彼の名前が書いてあります。
那个本子上 ＿＿＿＿＿ ＿＿＿＿＿ [＿＿＿＿＿] ＿＿＿＿＿。
①着　　②名字　③他的　　④写

(9) 机の上にビールが2本置いてあります。
桌子上 ＿＿＿＿＿ [＿＿＿＿＿] ＿＿＿＿＿ ＿＿＿＿＿。
①两瓶　②着　　③放　　④啤酒

(10) 彼はまだ授業に来ていません。
他 ＿＿＿＿＿ ＿＿＿＿＿ [＿＿＿＿＿] ＿＿＿＿＿ 呢。
①来　　②没　　③上课　④还

4 次の文章を読み (1)～(6) の問いの答えとして最も適当なものを、それぞれ①～④の中から1つ選びなさい。

　　我是一个日本留学生，来上海已经一年多了。上海的交通很方便，（1）机场（1）大学坐地铁只要45分钟。（2）地铁，我也经常坐公共汽车出门。在上海交通费比日本便宜（3），不太远的地方一般都只要几块钱。

　　刚到上海的时候，我和朋友出去玩儿，路上下大雨了。我想打出租车回宿舍，（4）经过的空车都不停下来。后来我问了中国的同学（5）知道，现在大家都用手机在网上预约出租车，很少有人在路边叫车了。看来，对不会用手机打车的人来说，也有不方便的地方。

(1) 空欄 (1) を埋めるのに適当なものは、次のどれか。
①既……又 ②从……到 ③离……到 ④从……离

(2) 空欄 (2) を埋めるのに適当なものは、次のどれか。
①除了　　②不但　　③还有　　④另外

(3) 空欄 (3) を埋めるのに適当なものは、次のどれか。
①得多　　②非常　　③有点儿　④得很

52

(4) 空欄（4）を埋めるのに<u>適当ではない</u>ものは、次のどれか。
　　①可是　　　②不过　　　③但是　　　④就是

(5) 空欄（5）を埋めるのに適当なものは、次のどれか。
　　①就　　　　②才　　　　③又　　　　④再

(6) 本文の内容と一致するものは、次のどれか。
　　①上海的交通不太方便。
　　②上海的出租车比日本的贵。
　　③我原来不知道要用手机打车。
　　④我来上海已经好多年了。

5 (1)〜(5) の日本語を中国語に訳して、漢字（簡体字）で書きなさい。

(1) 私のパソコンはかばんの中にあります。

(2) 今日の昼食は私は友人と一緒に食べます。

(3) この近くに銀行はありますか。

(4) 昨日の映画は面白かったですか。

(5) お父さんは明日来ることができます。

1 (1)〜(10) の中国語の問いを聞き、答えとして最も適当なものを、それぞれ①〜④の中から1つ選びなさい。

(187) (1)
    ①   ②   ③   ④

(188) (2)
    ①   ②   ③   ④

(189) (3)
    ①   ②   ③   ④

(190) (4)
    ①   ②   ③   ④

(191) (5)
    ①   ②   ③   ④

(192) (6)
    ①   ②   ③   ④

(193) (7)
    ①   ②   ③   ④

(194) (8)
    ①   ②   ③   ④

(195) (9)
    ①   ②   ③   ④

(196) (10)
    ①   ②   ③   ④

2 中国語を聞き、(1)〜(10) の問いの答えとして最も適当なものを、それぞれ①〜④の中から1つ選びなさい。

(197)

メモ欄

(1)〜(5)の問いは音声のみで、文字の印刷はありません。

(1)
　　①　　　　　　　②　　　　　　　③　　　　　　　④
(2)
　　①　　　　　　　②　　　　　　　③　　　　　　　④
(3)
　　①　　　　　　　②　　　　　　　③　　　　　　　④
(4)
　　①　　　　　　　②　　　　　　　③　　　　　　　④
(5)
　　①　　　　　　　②　　　　　　　③　　　　　　　④

(198)

┌───┐
│ **メモ欄**   │
│   │
│   │
│   │
│   │
│   │
└───┘

(6) 芳芳是哪国人?
　　①　　　　　　　②　　　　　　　③　　　　　　　④

(7) 哪个不是芳芳的爱好?
　　①　　　　　　　②　　　　　　　③　　　　　　　④

(8) 我是什么专业的?
　　①　　　　　　　②　　　　　　　③　　　　　　　④

(9) 芳芳最喜欢的电影是什么?
　　①　　　　　　　②　　　　　　　③　　　　　　　④

(10) 芳芳和我是怎么认识的?
　　①　　　　　　　②　　　　　　　③　　　　　　　④

1 1. （1）〜（5）の中国語で声調の組み合わせが<u>他と異なるもの</u>を、それぞれ
①〜④の中から1つ選びなさい。

（1）　　①经常　　②心情　　③新闻　　④垃圾

（2）　　①基本　　②洗澡　　③危险　　④缺点

（3）　　①医院　　②帮助　　③声音　　④书店

（4）　　①舒服　　②迟到　　③颜色　　④难过

（5）　　①下课　　②跑步　　③最近　　④贸易

2. （6）〜（10）の中国語の正しいピンイン表記を、それぞれ①〜④の中か
ら1つ選びなさい。

（6）环境　　① huángjìn　　② huánjìng　　③ huánjìn　　④ huángjìng

（7）感想　　① gǎngshǎng　　② gǎngxiǎng　　③ gǎnxiǎng　　④ gǎnshǎng

（8）研究　　① yánjiū　　② yángzhū　　③ yángjiū　　④ yánzhū

（9）影响　　① yǐnxiǎn　　② yǐnxiǎng　　③ yǐngxiǎn　　④ yǐngxiǎng

（10）简单　　① jiǎngdān　　② jiǎndān　　③ jiǎngdāng　　④ jiǎndāng

2 （1）〜（10）の中国語の空欄を埋めるのに最も適当なものを、それぞれ①〜
④の中から1つ選びなさい。

（1）我住的城市有三（　）大学。
①场　　②件　　③家　　④所

（2）我跑（　）不快。
①得　　②了　　③又　　④的

（3）太贵了，我买（　）这套房子。
①不到　　②不起　　③不完　　④不下

（4）（　）你家到图书馆要走几分钟?
①往　　②来　　③从　　④到

（5）我把衣服脱（　）。
①过来　　②下来　　③过去　　④出来

（6）今天我没带钱，（　）我不能买。
①原来　　②但是　　③如果　　④所以

（7）我写了一（　）文章。
①本　　②支　　③篇　　④首

56

（8）小刘（　）？她怎么还不来？
　　①呢　　②啊　　③么　　④吗

（9）这两天暖和（　）了。
　　①出来　　②过去　　③来去　　④起来

（10）昨天他做完作业（　），就去找小王了。
　　①以来　　②以往　　③以后　　④以前

3 1.（1）～（5）の日本語の意味に合う中国語を、それぞれ①～④の中から1
　　つ選びなさい。

（1）兄は私より3歳年上です。
　　①比我大三岁哥哥。
　　②比哥哥大三岁我。
　　③哥哥比我大三岁。
　　④哥哥大比我三岁。

（2）父はビールを飲んでいます。
　　①我爸爸正喝着啤酒呢。
　　②我爸爸啤酒正喝着呢。
　　③我爸爸喝着啤酒正呢。
　　④我爸爸正啤酒喝着呢。

（3）母はご飯を作り終わりました。
　　①我妈妈把做好饭了。
　　②我妈妈把做饭好了。
　　③我妈妈饭把做好了。
　　④我妈妈把饭做好了。

（4）あなたが一番好きな果物はどれですか。
　　①你喜欢的水果是最哪个？
　　②你最喜欢的水果是哪个？
　　③你是哪个最喜欢的水果？
　　④是哪个最你喜欢的水果？

（5）豚肉は牛肉より20元安いです。
　　①猪肉比牛肉便宜二十块。
　　②猪肉比便宜牛肉二十块。
　　③猪肉二十块比牛肉便宜。
　　④猪肉比二十块便宜牛肉。

2. (6)～(10) の日本語の意味になるように、それぞれ①～④を並べ替え
たとき、[   ] 内に入るものはどれか、その番号を選びなさい。

(6) 今日は雨がひどいです。
今天下雨 _____ [_____] _____ _____。
①很   ②厉害   ③得   ④下

(7) 自己紹介をしてください。
_____ [_____] _____ _____。
①做一下   ②自我   ③请   ④介绍

(8) 私は家に帰るとすぐ勉強します。
我 _____ _____ [_____] _____。
①学习   ②就   ③回家   ④一

(9) あなたはいったい何をしたいのですか。
你 _____ _____ [_____] _____ 呢?
①想   ②到底   ③什么   ④做

(10) 私は空港にお客を迎えに行きます。
我 _____ [_____] _____ _____。
①机场   ②接   ③去   ④客人

4 次の文章を読み (1)～(6) の問いの答えとして最も適当なものを、それぞ
れ①～④の中から1つ選びなさい。

我家有五口人，爸爸、妈妈、两个姐姐和我。我爸爸是银行职员，每天很早
（ 1 ）出门去上班，有时周六周日也不休息。妈妈是中学老师，下班回家后还要
（ 2 ）很多工作回家做。他们（ 3 ）都很忙，（ 3 ）很关心我们的学习和生活。
大姐去年已经从大学毕业了，现在在北京的一家公司上班。二姐上大学二年级，
她明年（ 4 ）去日本交换留学。

每年妈妈放暑假和寒假的时候，我都很开心。（ 5 ）她每次放假都带我去旅
游。去年我们去了四川成都，今年计划去上海和杭州。妈妈说，等明年二姐去日
本留学了，我们就去日本看她。我觉得好期待啊。

(1) 空欄（1）を埋めるのに適当なものは、次のどれか。
①就   ②才   ③又   ④再

(2) 空欄（2）を埋めるのに適当なものは、次のどれか。
①拿   ②带   ③有   ④送

(3) 空欄 （3） を埋めるのに適当なものは、次のどれか。
　　①因为……所以　　②即使……但是
　　③尽管……因此　　④虽然……但是

(4) 空欄 （4） を埋めるのに**適当ではない**ものは、次のどれか。
　　①喜欢　　②打算　　③准备　　④计划

(5) 空欄 （5） を埋めるのに適当なものは、次のどれか。
　　①所以　　②因为　　③因此　　④就是

(6) 本文の内容と一致するものは、次のどれか。
　　①爸爸妈妈的工作都很忙。
　　②两个姐姐都在上大学。
　　③妈妈、二姐和我明年要去日本旅游。
　　④爸爸星期六和星期天休息。

5 (1)～(5) の日本語を中国語に訳して、漢字（簡体字）で書きなさい。

(1) 今日私は少し忙しい。

(2) 中国は日本の西にあります。

(3) 李先生は私たちに韓国語を教えています。

(4) あなたは地下鉄で行きますか、それともバスで行きますか。

(5) あなたはアメリカの小説を読んだことがありますか。

1 (1)〜(10) の中国語の問いを聞き、答えとして最も適当なものを、それぞれ①〜④の中から1つ選びなさい。

(199) (1)
　　① 　　② 　　③ 　　④

(200) (2)
　　① 　　② 　　③ 　　④

(201) (3)
　　① 　　② 　　③ 　　④

(202) (4)
　　① 　　② 　　③ 　　④

(203) (5)
　　① 　　② 　　③ 　　④

(204) (6)
　　① 　　② 　　③ 　　④

(205) (7)
　　① 　　② 　　③ 　　④

(206) (8)
　　① 　　② 　　③ 　　④

(207) (9)
　　① 　　② 　　③ 　　④

(208) (10)
　　① 　　② 　　③ 　　④

2 中国語を聞き、(1)〜(10) の問いの答えとして最も適当なものを、それぞれ①〜④の中から1つ選びなさい。

(209)

```
メモ欄




```

(1)〜(5)の問いは音声のみで、文字の印刷はありません。

(1)
　　① 　　　　　　② 　　　　　　③ 　　　　　　④
(2)
　　① 　　　　　　② 　　　　　　③ 　　　　　　④
(3)
　　① 　　　　　　② 　　　　　　③ 　　　　　　④
(4)
　　① 　　　　　　② 　　　　　　③ 　　　　　　④
(5)
　　① 　　　　　　② 　　　　　　③ 　　　　　　④

⟨210⟩

メモ欄

(6) 考试是什么时候?
　　① 　　　　　　② 　　　　　　③ 　　　　　　④

(7) 哪个不是老师在考试前说过的事情?
　　① 　　　　　　② 　　　　　　③ 　　　　　　④

(8) 哪个不是老师说的考试注意事项?
　　① 　　　　　　② 　　　　　　③ 　　　　　　④

(9) 考试时谁的麻烦没有得到解决?
　　① 　　　　　　② 　　　　　　③ 　　　　　　④

(10) 哪个不是考试后的表情?
　　① 　　　　　　② 　　　　　　③ 　　　　　　④

1 1. (1)〜(5) の中国語で声調の組み合わせが**他と異なるもの**を、それぞれ①〜④の中から1つ選びなさい。

(1) 　①健康　　②交通　　③快餐　　④认真

(2) 　①结束　　②体育　　③短信　　④准备

(3) 　①太阳　　②姓名　　③换钱　　④闹钟

(4) 　①人民　　②足球　　③旅游　　④完全

(5) 　①上网　　②厕所　　③困难　　④办法

2. (6)〜(10) の中国語の正しいピンイン表記を、それぞれ①〜④の中から1つ選びなさい。

(6) 稍微　①shāowēi　②xiāowèi　③xiāowēi　④shāowèi

(7) 幸福　①xìnghú　②xìnfú　③xìnhú　④xìngfú

(8) 警察　①qǐngchá　②jǐngchá　③qǐnchá　④jǐnchá

(9) 丈夫　①jiànfù　②zhànfu　③zhàngfu　④jiàngfù

(10) 还价　①huánjià　②huǔnjià　③háijià　④huángjià

2 (1)〜(10) の中国語の空欄を埋めるのに最も適当なものを、それぞれ①〜④の中から1つ選びなさい。

(1) 爸爸给我买了一（　）钢笔。
　①把　　②支　　③条　　④本

(2) 我刚才（　）他打电话了。
　①要　　②拿　　③给　　④送

(3) 最近她（　）老迟到?
　①怎么　②什么　③想　　④要么

(4) 小王不是刚走，他早（　）走了呢。
　①是　　②才　　③要　　④就

(5) 我们听（　）你说什么。
　①起来　②不见　③过去　④出来

(6) 这个西瓜（　）大（　）甜。
　①有……有……　②要……要……　③也……也……　④又……又……

(7) 小刘（　）书还给我了。
　①被　　②要　　③想　　④把

62

(8) 来来来，抽一（　）烟吧。
　　①根　　②条　　③本　　④桶

(9) （　）你去，（　）我去，都可以。
　　①不是……不是……　　　②然后……然后……
　　③或者……或者……　　　④比如……比如……

(10) 你应该好好儿学（　）。
　　①出去　②过去　③下去　④过来

3 1.　(1)～(5) の日本語の意味に合う中国語を、それぞれ①～④の中から1
　　つ選びなさい。

(1) 私たちは車で彼の家へ行くつもりです。
　　①我们打算去他家开车。
　　②我们去他家打算开车。
　　③我们开车去打算他家。
　　④我们打算开车去他家。

(2) 私は王さんほど背が高くないです。
　　①我没有那么高小王。
　　②我没有小王那么高。
　　③我没有高小王那么。
　　④我没有那么高小王。

(3) 彼は昨日何の本を買ったのですか。
　　①昨天他买书的是什么?
　　②昨天他买的是什么书?
　　③昨天他买的书是什么?
　　④昨天他买什么书的是?

(4) 彼女は歩いてフルーツ店へ行きます。
　　①她走去着水果店。
　　②她去着走水果店。
　　③她走着去水果店。
　　④她走着水果店去。

(5) あなたは昨日病院へ行ったのですか。
　　①昨天你去医院了没有?
　　②昨天你去没有医院了?
　　③昨天你没有去医院了?
　　④昨天你去医院没有了?

2. (6)〜(10) の日本語の意味になるように、それぞれ①〜④を並べ替え
たとき、[　　] 内に入るものはどれか、その番号を選びなさい。

(6) ミカンは500g いくらですか。

_____ [_____] _____ _____ ?
①多少　　②桔子　　③一斤　　④钱

(7) 彼女の料理は少し油っこいです。

她 _____ _____ [_____] _____ 。
①有点　　②菜　　③做的　　④油腻

(8) この車はあの車より値段が高いです。

_____ [_____] _____ _____ 。
①那辆车　②贵　　③比　　④这辆车

(9) パソコンを開いてください。

_____ _____ [_____] _____ 。
①打开　　②把　　③请　　④电脑

(10) 私たちの学校は東京の東側にあります。

_____ _____ [_____] _____ 。
①东边　　②我们学校　　③东京　　④在

4 次の文章を読み (1)〜(6) の問いの答えとして最も適当なものを、それぞ
れ①〜④の中から１つ選びなさい。

　今天是星期天，早上张明来接我，我们去他家过春节。我是日本留学生，是
今年九月来（ 1 ）北京。这是我第一次去中国人家里做客。在中国，春节是最
重要的传统节日。春节一般放三天假，加上星期六和星期天，有的时候可以休息
一个星期左右。

　张明家在天津，我们（ 2 ）坐地铁到高铁站，（ 2 ）坐高铁去天津。天津
（ 3 ）北京有100多公里。坐高铁去大概要40分钟左右。张明（ 4 ）我在网上
预约了车票，所以到了高铁站之后，我们在窗口取了车票就进去了，非常顺利。
（ 5 ）过春节的时候，晚上要在家里包饺子，我正好可以好好学习一下。

(1) 空欄（1）を埋めるのに適当なものは、次のどれか。
　　①得　　②了　　③过　　④的

(2) 空欄（2）を埋めるのに適当なものは、次のどれか。
　　①一……就　②先……然后　③先……又　　④又……又

(3) 空欄（3）を埋めるのに適当なものは、次のどれか。
　　①从　　②到　　③离　　④往

64

（4）空欄（4）を埋めるのに**適当ではない**ものは、次のどれか。
　　①给　　　②帮　　　③替　　　④把

（5）空欄（5）を埋めるのに適当なものは、次のどれか。
　　①看上去　②看来　　③听说　　④你看

（6）本文の内容と**一致しないもの**は、次のどれか。
　　①春节放假时间很长。
　　②我经常去中国人家里做客。
　　③从北京到天津有100多公里。
　　④春节的晚上得在家里包饺子。

5 （1）～（5）の日本語を中国語に訳して、漢字（簡体字）で書きなさい。

（1）彼女はコーヒーを2杯飲みました。

（2）私たちは食堂で昼ごはんを食べましょうか。

（3）この辞書はいくらですか。

（4）北京駅にはどう行ったらいいですか。

（5）彼は毎日自転車で通学します。

1 (1)～(10) の中国語の問いを聞き、答えとして最も適当なものを、それぞれ①～④の中から1つ選びなさい。

(211) (1)

    ①   ②   ③   ④

(212) (2)

    ①   ②   ③   ④

(213) (3)

    ①   ②   ③   ④

(214) (4)

    ①   ②   ③   ④

(215) (5)

    ①   ②   ③   ④

(216) (6)

    ①   ②   ③   ④

(217) (7)

    ①   ②   ③   ④

(218) (8)

    ①   ②   ③   ④

(219) (9)

    ①   ②   ③   ④

(220) (10)

    ①   ②   ③   ④

2 中国語を聞き、(1)～(10) の問いの答えとして最も適当なものを、それぞれ①～④の中から1つ選びなさい。

(221)

メモ欄

(1)～(5)の問いは音声のみで、文字の印刷はありません。

(1)
　　　① 　　　　　　② 　　　　　　③ 　　　　　　④

(2)
　　　① 　　　　　　② 　　　　　　③ 　　　　　　④

(3)
　　　① 　　　　　　② 　　　　　　③ 　　　　　　④

(4)
　　　① 　　　　　　② 　　　　　　③ 　　　　　　④

(5)
　　　① 　　　　　　② 　　　　　　③ 　　　　　　④

🎧222

メモ欄

(6) 公司总部在哪个城市?
　　　① 　　　　　　② 　　　　　　③ 　　　　　　④

(7) 哪个城市没有分公司?
　　　① 　　　　　　② 　　　　　　③ 　　　　　　④

(8) 我为什么要去北京?
　　　① 　　　　　　② 　　　　　　③ 　　　　　　④

(9) 我为什么要坐下午两点的飞机?
　　　① 　　　　　　② 　　　　　　③ 　　　　　　④

(10) 我这次去北京有几天玩的时间?
　　　① 　　　　　　② 　　　　　　③ 　　　　　　④

1 1. (1)～(5)の中国語で声調の組み合わせが<u>他と異なるもの</u>を、それぞれ①～④の中から1つ選びなさい。

(1) 　①磁带　　②食物　　③地球　　④邮票

(2) 　①最近　　②面前　　③正确　　④计划

(3) 　①电影　　②上海　　③办法　　④信封

(4) 　①牛奶　　②南方　　③旁边　　④提高

(5) 　①继续　　②变化　　③世界　　④自己

2. (6)～(10)の中国語の正しいピンイン表記を、それぞれ①～④の中から1つ選びなさい。

(6) 傍晚　①bàngwǎng　②bànwǎn　③bànwǎng　④bàngwǎn

(7) 批评　①pípín　②pīpíng　③pípíng　④pīpín

(8) 专业　①zhuānyè　②jiāngyè　③jiāngyè　④zhuāngyè

(9) 满意　①mángyì　②mǎngyì　③mǎnyì　④mányì

(10) 拼命　①pīnmìn　②pīnmìng　③pīngmìn　④pīngmìng

2 (1)～(10)の中国語の空欄を埋めるのに最も適当なものを、それぞれ①～④の中から1つ選びなさい。

(1) 这儿（　）那儿远不远?
　①离　　②来　　③要　　④有

(2) 我今天（　）同学有聚会。
　①对　　②向　　③去　　④跟

(3) 你们公司有（　）员工?
　①何　　②几　　③多少　　④多

(4) 我（　）好好儿学汉语。
　①应该　　②因为　　③马上　　④如此

(5) 你（　）吃什么菜?
　①会　　②过　　③得　　④想

(6) 男朋友（　）我挺好。
　①让　　②叫　　③要　　④对

(7) 我看不（　）中文报纸。
　①明　　②懂　　③完　　④好

(8) 请（　）桌子收拾一下。
　　①来　　②去　　③把　　④回

(9) 你爸爸（　）哪个公司工作?
　　①在　　②是　　③有　　④向

(10) 我们今天下午在（　）地方见面?
　　①这么　　②那么　　③要么　　④什么

3 1. (1)～(5)の日本語の意味に合う中国語を、それぞれ①～④の中から1
　つ選びなさい。

(1) あなたは王さんがどこへ行ったか知っていますか。
　　①你知道小王去哪儿了吗?
　　②你知道小王哪儿去了吗?
　　③你知道哪儿去了小王吗?
　　④你知道小王去了哪儿吗?

(2) これらの海の幸はスーパーで買ったものではありません。
　　①这些海鲜在超市不是买的。
　　②这些海鲜不是买在超市的。
　　③这些海鲜不是在超市买的。
　　④这些海鲜不是买的在超市。

(3) 私たちは王さんを30分待ちました。
　　①我们等了小王等半个小时。
　　②我们等半个小时等了小王。
　　③我们等半个小时小王等了。
　　④我们等小王等了半个小时。

(4) これらの料理は私たちですべて食べてしまいました。
　　①这些菜被我们都吃光了。
　　②这些菜都被我们吃光了。
　　③这些菜吃光了被我们都。
　　④这些菜被都吃光了我们。

(5) 母はパソコンで遊ばせません。
　　①妈妈让我不玩儿电脑。
　　②妈妈不让我玩儿电脑。
　　③不让我妈妈玩儿电脑。
　　④让妈妈我不玩儿电脑。

2. (6)〜(10) の日本語の意味になるように、それぞれ①〜④を並べ替えたとき、[　　] 内に入るものはどれか、その番号を選びなさい。

(6) 先にスーパーへ買い物に行きませんか？

我们先 ＿＿＿＿ [＿＿＿＿] ＿＿＿＿ ＿＿＿＿ 吗?
①东西　　②去　　③买　　④超市

(7) 私は友達と一緒に中国へ留学しようと思います。

我想 ＿＿＿＿ [＿＿＿＿] ＿＿＿＿ ＿＿＿＿ 中国留学。
①朋友　　②和　　③一起　　④去

(8) 彼女は歩いて帰っていきました。

她 ＿＿＿＿ ＿＿＿＿ [＿＿＿＿] ＿＿＿＿。
①回去　　②了　　③着　　④走

(9) あなたはどんな仕事をしたいですか。

你 ＿＿＿＿ [＿＿＿＿] ＿＿＿＿ ＿＿＿＿?
①什么　　②做　　③想　　④工作

(10) 私は彼にたたかれました。

我 ＿＿＿＿ ＿＿＿＿ [＿＿＿＿] ＿＿＿＿。
①打　　②他　　③了　　④被

4 次の文章を読み (1)〜(6) の問いの答えとして最も適当なものを、それぞれ①〜④の中から 1 つ選びなさい。

　　我们学校附近有一家便利店。昨天晚上我去那儿买东西的时候，在店里遇见了一个日本人。她好像正在找什么。我就走（1）问她："你好！我能帮你吗？"
　　她说："我是日本留学生，（2）来中国一个星期。请问，手机卡在（3）地方？"我跟她说："手机卡就在那边，我带你去吧。不过，你的发音不太清楚。是'手机'，不是'手七'。"日本留学生说："真对不起，我发音发（4）不太好。我学了一年汉语了，有很多音还是发（5）好。"我说："没关系，我也是大学生，现在上二年级，我们互相学习吧。"

(1) 空欄 (1) を埋めるのに適当なものは、次のどれか。
　　①起来　　②过来　　③过去　　④出去

(2) 空欄 (2) を埋めるのに適当なものは、次のどれか。
　　①就　　②先　　③只　　④刚

(3) 空欄 (3) を埋めるのに適当なものは、次のどれか。
　　①什么　　②哪里　　③怎么　　④为什么

（4）空欄（4）を埋めるのに適当なものは、次のどれか。
　　①的　　　②地　　　③得　　　④了

（5）空欄（5）を埋めるのに適当なものは、次のどれか。
　　①得　　　②不　　　③不能　　　④不是

（6）本文の内容と<u>一致しないもの</u>は、次のどれか。
　　①她来中国学了一年汉语。
　　②我是大学生，现在上二年级。
　　③我帮她买到了手机卡。
　　④她的汉语发音不太好。

5 （1）〜（5）の日本語を中国語に訳して、漢字（簡体字）で書きなさい。

（1）彼は6時に帰って来たのです。

（2）妹は英語が話せます。

（3）きのう大雪が降りました。

（4）彼は電話中です。

（5）姉は私より3歳年上です。

1 1. これから読む（1）〜（5）の中国語と一致するものを、それぞれ①〜④の中から1つ選びなさい。

(223) （1）　　　① duō　　② tuō　　③ dōu　　④ tōu

(224) （2）　　　① cài　　② chà　　③ zài　　④ sài

(225) （3）　　　① xí　　　② shí　　③ qí　　　④ chí

(226) （4）　　　① bǐ　　　② xǔ　　　③ qǐ　　　④ qǔ

(227) （5）　　　① xuè　　② xiě　　③ xué　　④ xiè

2. （6）〜（10）のピンイン表記と一致するものを、それぞれ①〜④の中から1つ選びなさい。

(228) （6）shēntǐ　　　①　　　　②　　　　③　　　　④

(229) （7）qǐchuáng　　①　　　　②　　　　③　　　　④

(230) （8）diànshì　　　①　　　　②　　　　③　　　　④

(231) （9）miànbāo　　①　　　　②　　　　③　　　　④

(232) （10）kōngxiǎng　①　　　　②　　　　③　　　　④

3. （11）〜（15）の日本語を中国語で言い表す場合、最も適当なものを、それぞれ①〜④の中から1つ選びなさい。

(233) （11）本を読む　　　　①　　　　　　②
　　　　　　　　　　　　　③　　　　　　④

(234) （12）とても疲れている　①　　　　　②
　　　　　　　　　　　　　③　　　　　　④

(235) （13）リンゴ　　　　　①　　　　　　②
　　　　　　　　　　　　　③　　　　　　④

(236) （14）大阪　　　　　　①　　　　　　②
　　　　　　　　　　　　　③　　　　　　④

(237) (15) 映画   ①   ②

                                          ③   ④

2 (1)～(10) のような場合、中国語ではどのように言うのが最も適当か、それぞれ①～④の中から 1 つ選びなさい。

(238) (1) 友達のお誕生日のとき   ①   ②

                                        ③   ④

(239) (2)「ありがとう」と言われたとき ①   ②

                                        ③   ④

(240) (3) お正月のあいさつ   ①   ②

                                        ③   ④

(241) (4) 明日の天気を聞くとき   ①   ②

                                        ③   ④

(242) (5) 人に謝るとき   ①   ②

                                        ③   ④

(243) (6) 国籍を聞くとき   ①   ②

                                        ③   ④

(244) (7) 先生と出会ったとき   ①   ②

                                        ③   ④

(245) (8)「ここにあります」と言いたいとき ①   ②

                                      ③   ④

(246) (9) 人を紹介するとき   ①   ②

                                        ③   ④

(247) (10) 子どもに年齢を聞くとき   ①   ②

                                        ③   ④

1 1. (1)～(5) の中国語の正しいピンインを表記を、それぞれ①～④の中から1つ選びなさい。

(1) 貴　　　① kuī　　　② guì　　　③ kuì　　　④ guī

(2) 黒　　　① hēi　　　② huī　　　③ fēi　　　④ hāi

(3) 笑　　　① xiàng　　② shào　　③ xiào　　④ shàng

(4) 喜欢　　① shǐhuan　② xǐhuang　③ shǐhuang　④ xǐhuan

(5) 房间　　① fángjiān　② fángjiāng　③ fánjiāng　④ fánjiān

　2. (6)～(10) の日本語の意味になるように空欄を埋めるとき、最も適当なものを、それぞれ①～④の中から1つ選びなさい。

(6) お宅は何人家族ですか？
　　你家有几(　)人?
　　①把　　　②个　　　③口　　　④位

(7) 中国語の小説を3冊持っています。
　　我有三(　)中文小说。
　　①条　　　②本　　　③把　　　④个

(8) 彼も旅行に行きます。
　　他(　)去旅游。
　　①都　　　②再　　　③要　　　④也

(9) この車はいくらですか？
　　这辆汽车(　)钱?
　　①多少　　②什么　　③怎么　　④多大

(10) 私はあのテレビドラマを見たことがありません。
　　我没看(　)那个电视剧。
　　①了　　　②过　　　③看　　　④着

　3. (11)～(15) の日本語の意味になるように、それぞれ①～④を並べ替えたとき、[　]内に入るものはどれか、その番号を選びなさい。

(11) わたしは絵を描くのががとても好きです。
　　我 ＿＿＿＿ [＿＿＿＿] ＿＿＿＿ ＿＿＿＿。
　　①画儿　　②很　　　③画　　　④喜欢

(12) 私は友達と図書館へ行きます。

我 _____ _____ [_____] _____。

①去　　②朋友　　③图书馆　④跟

(13) 私たちはどこで会いますか？

_____ _____ [_____] _____？

①见面　②在　　③我们　　④哪儿

(14) 彼らは大学で中国語を勉強しています。

他们 _____ [_____] _____ _____。

①学习　②大学　③在　　④汉语

(15) 今週仕事がとても忙しいです。

_____ _____ [_____] _____。

①忙　　②这周　③非常　　④工作

2 (1)〜(5) の日本語を中国語に訳したとき、下線部の日本語に当たる中国語を漢字 (簡体字) で書きなさい。なお、(1)・(2) 漢字 1 文字で、(3)〜(5) は漢字 2 文字で解答しなさい。

(1) a 字を<u>書く</u>。　　　b 公園へ<u>行く</u>。

(2) a 車を<u>降りる</u>。　　b 水を<u>飲む</u>。

(3) <u>携帯</u>をかける。

(4) <u>宿題</u>をする。

(5) とても<u>うれしい</u>。

4級 検定試験直前予想問題　リスニング 解答 P.191

一問一答

1 (1)～(10) の中国語の問いを聞き、答えとして最も適当なものを、それぞれ①～④の中から 1 つ選びなさい。

(248) (1)
① ② ③ ④

(249) (2)
① ② ③ ④

(250) (3)
① ② ③ ④

(251) (4)
① ② ③ ④

(252) (5)
① ② ③ ④

(253) (6)
① ② ③ ④

(254) (7)
① ② ③ ④

(255) (8)
① ② ③ ④

(256) (9)
① ② ③ ④

(257) (10)
① ② ③ ④

2 中国語を聞き、(1)～(10) の問いの答えとして最も適当なものを、それぞれ①～④の中から 1 つ選びなさい。

(258)

┌───┐
│ **メモ欄** │
│ │
│ │
│ │
│ │
│ │
│ │
│ │
│ │
└───┘

(1)～(5)の問いは音声のみで、文字の印刷はありません。

(1)
① ② ③ ④
(2)
① ② ③ ④
(3)
① ② ③ ④
(4)
① ② ③ ④
(5)
① ② ③ ④

メモ欄

(6) 我来日本多长时间了?
① ② ③ ④

(7) 我在中国的时候为什么不做饭?
① ② ③ ④

(8) 来日本以后，我为什么不在外边吃饭?
① ② ③ ④

(9) 现在我会做什么菜?
① ② ③ ④

(10) 我打算什么时候叫日本朋友来我家?
① ② ③ ④

1 1. (1)～(5)の中国語で声調の組み合わせが<u>他と異なるもの</u>を、それぞれ①～④の中から1つ選びなさい。

(1) ①参加 ②中国 ③空调 ④当然

(2) ①上课 ②电话 ③照片 ④健康

(3) ①可能 ②起床 ③午饭 ④好玩

(4) ①下班 ②散步 ③放心 ④唱歌

(5) ①商店 ②帮助 ③高兴 ④舒服

2. (6)～(10)の中国語の正しいピンイン表記を、それぞれ①～④の中から1つ選びなさい。

(6) 朋友 ① péngyu ② péngyou ③ pángyu ④ pángyou

(7) 睡觉 ① suìjiào ② shuìzhào ③ shuìjiào ④ suìzhào

(8) 音乐 ① yīnyuè ② yīnyè ③ yīngyè ④ yīngyuè

(9) 问题 ① wèngdí ② wèngtí ③ wèndí ④ wèntí

(10) 教室 ① jiàoshì ② zhàoxì ③ zhàoshì ④ jiàoxì

2 (1)～(10)の中国語の空欄を埋めるのに最も適当なものを、それぞれ①～④の中から1つ選びなさい。

(1) 这里有三（　）纸。
①台　②张　③件　④本

(2) 你（　）尝尝我的手艺。
①可以　②允许　③可能　④也许

(3) 现在下（　）暴雨呢。
①过　②了　③一下　④着

(4) 我（　）小王一起去台湾旅游。
①还　②给　③跟　④在

(5) 我们八点半上课，今天我八点二十（　）起床。
①才　②刚　③就　④在

(6) 你今年（　）？
①多少　②多大　③什么　④多长

(7) 我（　）也没有去过海外。
①一次　②还　③一个　④一点儿

(8) 这家的菜（　）好吃（　）便宜。
　　①不……不……　②还……还……　③要……要……　④又……又……

(9) 刚刚来的人是法国人，（　）英国人?
　　①就是　　②还是　　③但是　　④还有

(10) 他的名字（　）念?
　　①怎么样　②什么　　③怎么　　④谁

3 1.（1）～（5）の日本語の意味に合う中国語を、それぞれ①～④の中から 1
　　つ選びなさい。

(1) 私は家で昼食を食べません。
　　①我午饭在家不吃。
　　②我在家不吃午饭。
　　③我不在家吃午饭。
　　④我不吃在家午饭。

(2) お父さんは部屋で新聞を読んでいます。
　　①我爸爸正在看报纸房间里呢。
　　②我爸爸在房间里正看报纸呢。
　　③我爸爸正看报纸在房间里呢。
　　④我爸爸正在房间里看报纸呢。

(3) 李先生が私たちに中国語を 3 年間教えてくれました。
　　①李老师教了我们三年汉语。
　　②李老师教汉语我们三年了。
　　③李老师教了三年汉语我们。
　　④李老师教汉语三年我们了。

(4) 私たちは自転車で美術館に行きます。
　　①我们去骑自行车美术馆。
　　②我们骑自行车去美术馆。
　　③我们去美术馆骑自行车。
　　④我们骑去美术馆自行车。

(5) 私たちは明日どこから出発しますか。
　　①我们明天哪儿出发从?
　　②我们明天出发从哪儿?
　　③我们明天从哪儿出发?
　　④我们明天从出发哪儿?

2. (6)～(10) の日本語の意味になるように、それぞれ①～④を並べ替え
たとき、[　　] 内に入るものはどれか、その番号を選びなさい。

(6) この問題はあまり簡単ではない。
　　＿＿＿＿ [＿＿＿＿] ＿＿＿＿ ＿＿＿＿。
　　①不　　　②这个问题　③太　　④容易

(7) 大連は上海ほどそんなに暑くないです。
　　大连 ＿＿＿＿ [＿＿＿＿] ＿＿＿＿ ＿＿＿＿。
　　①上海　　②热　　　③那么　④没有

(8) 財布を盗まれました。
　　＿＿＿＿ ＿＿＿＿ [＿＿＿＿] ＿＿＿＿ 了。
　　①人　　　②钱包　　③偷走　④被

(9) あなたの家は駅まで遠いですか。
　　＿＿＿＿ [＿＿＿＿] ＿＿＿＿ ＿＿＿＿吗?
　　①地铁站　②离　　　③远　　④你家

(10) 彼は今年高校を卒業しました。
　　他 ＿＿＿＿ [＿＿＿＿] ＿＿＿＿ ＿＿＿＿。
　　①毕业　　②高中　　③了　　④今年

4 次の文章を読み (1)～(6) の問いの答えとして最も適当なものを、それぞ
れ①～④の中から 1 つ選びなさい。

　　我是一个中国留学生，来日本之后，我认识了很多日本同学，我们周末经常
一起玩儿。我（ 1 ）他们学日语，他们也经常（ 1 ）我说中文。上个星期我的
朋友真子问我："你（ 2 ）做饺子吗？"我说："（ 2 ）啊。不过我们不说做饺子，
应该说包饺子。"真子说"是这样啊。那我们明天去你的宿舍包饺子吧。"我说：
"好啊。明天下午四点半我们（ 3 ）在学校门口的超市集合，买好菜（ 3 ）去
我家吧。"

　　第二天，我们包了白菜猪肉和韭菜鸡蛋两种馅儿的饺子。饺子煮好了之后，
我们（ 4 ）吃饺子，（ 4 ）聊天。真子问我有没有米饭，我说中国人吃饺子的
时候不和米饭一起吃，（ 5 ）饺子和米饭一样都是主食。真子听了之后觉得很有
意思，不过她还是更喜欢在吃饺子的时候吃米饭或者拉面。

(1) 空欄（1）を埋めるのに適当なものは、次のどれか。
　　①给……给　　②跟……跟　　③向……向　　④对……对

(2) 空欄（2）を埋めるのに適当なものは、次のどれか。
　　①能……能　　②可以……可以　③得……得　　④会……会

(3) 空欄（3）を埋めるのに適当なものは、次のどれか。
　　①既……又　　②从……到　　③先……再　　④一……就

(4) 空欄（4）を埋めるのに適当なものは、次のどれか。
　　①又……又　　②一边……一边　③在……在　　④着……着

(5) 空欄（5）を埋めるのに適当なものは、次のどれか。
　　①因为　　　②因此　　　③所以　　　④不过

(6) 本文の内容と一致しないものは、次のどれか。
　　①真子会说一点儿中文。
　　②我和日本同学周末经常一起包饺子。
　　③在中国饺子不和米饭一起吃。
　　④我们在学校门口的超市买的菜。

5 (1)〜(5) の日本語を中国語に訳して、漢字（簡体字）で書きなさい。

(1) あなたはどこで買い物をしますか。

(2) 私は先週学校に行かなかった。

(3) 彼は毎日 8 時に起きます。

(4) 私は昨日も忙しかった。

(5) あなたは明日来られますか。

1 1. これから読む (1) ～ (5) の中国語と一致するものを、それぞれ①～④ の中から1つ選びなさい。

(001) (1)　① dōu（都）　　② tōu（偷）　　③ dū（督）　　④ tuō（托）

(002) (2)　① jī（鸡）　　② zī（资）　　③ zhī（只）　　④ chī（吃）

(003) (3)　① qí（其）　　② shí（时）　　③ shì（事）　　④ xǐ（洗）

(004) (4)　① bǔ（捕）　　② qǔ（取）　　③ qǐ（起）　　④ pǔ（普）

(005) (5)　① zhào（照）　② jiào（叫）　③ jiāo（蕉）　④ qiāo（敲）

2. (6) ～ (10) のピンイン表記と一致するものを、それぞれ①～④の中か ら1つ選びなさい。

(006) (6) zhōngxué　① zhōngxué 中学　　　② chóngxiě 重写

　　　　　　　　　③ zhōngxuě 中雪　　　④ chōngxuè 充血

(007) (7) jiàoshì　　① zhāoxī 朝夕　　　　② jiàoshì 教室

　　　　　　　　　③ jiàoshī 教师　　　　④ zhǎoshì 找事

(008) (8) shítáng　① xìtán 细谈　　　　② shìtàn 试探

　　　　　　　　　③ shítáng 食堂　　　　④ shītán 诗坛

(009) (9) yǎnjing　① yǎnjing 眼睛　　　② yángjǐng 洋井

　　　　　　　　　③ yánjǐn 严谨　　　　④ Yángqìng 阳庆

(010) (10) shāngdiàn　① shàngtiān 上天　　② shǎndiàn 闪电

　　　　　　　　　③ shāndiào 删掉　　　④ shāngdiàn 商店

3. (11) ～ (15) の日本語を中国語で言い表す場合、最も適当なものを、そ れぞれ①～④の中から1つ選びなさい。

(011) (11) 昼

　　　①中午 zhōngwǔ（昼）　　　②下午 xiàwǔ（午後）

　　　③上午 shàngwǔ（午前）　　④早上 zǎoshang（朝）

(012) (12) 明日

　　　①后天 hòutiān（明後日）　②明天 míngtiān（明日）

　　　③今天 jīntiān（今日）　　④昨天 zuótiān（昨日）

(013) （13）羊
　　　①猪 zhū （豚）　　　　　　　　②牛 niú （牛）
　　　③羊 yáng （羊）　　　　　　　④鸡 jī （鶏）

(014) （14）寒い
　　　①热 rè （熱い）　　　　　　　②凉快 liángkuai （涼しい）
　　　③冷 lěng （寒い）　　　　　　④难 nán （難しい）

(015) （15）写真
　　　①照片 zhàopiàn （写真）　　　②邮票 yóupiào （切手）
　　　③水果 shuǐguǒ （果物）　　　④点心 diǎnxin （お菓子）

2 1.（1）～（5）の日本語を中国語で言い表す場合、最も適当なものを、それ
　　ぞれ①～④の中から1つ選びなさい。

(016) （1）3週間
　　　①星期三 xīngqīsān （水曜日）
　　　②第三星期 dì-sān xīngqī （第3週）
　　　③三个星期 sān ge xīngqī （3週間）
　　　④星期个三 xīngqī ge sān （このような言い方はない）

(017) （2）2018年
　　　①二零零一年 èr líng líng yī nián （2001年）
　　　②二零八一年 èr líng bā yī nián （2081年）
　　　③二零一八年 èr líng yī bā nián （2018年）
　　　④二零零八年 èr líng líng bā nián （2008年）

(018) （3）23日間
　　　①二十三天 èrshisān tiān （23日）
　　　②二十三岁 èrshisān suì （23歳）
　　　③二十三年 èrshisān nián （23年）
　　　④三十二天 sānshi'èr tiān （32日）

(019) （4）165元
　　　①一百五十六元 yìbǎi wǔshiliù yuán （156元）
　　　②一百六十元 yìbǎiliùshí yuán （160元）
　　　③一百零五元 yìbǎi líng wǔ yuán （105元）
　　　④一百六十五元 yìbǎi liùshiwǔ yuán （165元）

(020) （5）先週の木曜日
　　　①下星期四 xià xīngqīsì （来週の木曜日）
　　　②上星期四 shàng xīngqīsì （先週の木曜日）
　　　③上星期五 shàng xīngqīwǔ （先週の金曜日）
　　　④下星期五 xià xīngqīwǔ （来週の金曜日）

2. (6)～(10) のような場合、中国語ではどのように言うのが最も適当か、
それぞれ①～④の中から 1 つ選びなさい。

(021) (6) 丁寧に名字を聞くとき
　　　①怎么办? Zěnme bàn? (どうしましょうか)
　　　②怎么样? Zěnmeyàng? (どうですか)
　　　③您贵姓? Nín guìxìng? (苗字は何といいますか)
　　　④几点了? Jǐ diǎn le? (何時になりましたか)

(022) (7) 久しぶりに友達に会ったとき
　　　①欢迎光临。Huānyíng guānglín. (いらっしゃいませ)
　　　②辛苦了。Xīnkǔ le. (おつかれさまです)
　　　③您慢走。Nín màn zǒu. (お気をつけて)
　　　④好久不见。Hǎojiǔ bú jiàn. (お久しぶりです)

(023) (8) 先に帰るとき
　　　①我先走了。Wǒ xiān zǒu le. (お先に失礼します)
　　　②请多关照。Qǐng duō guānzhào. (どうぞよろしくお願いします)
　　　③麻烦你了。Máfan nǐ le. (ご迷惑をおかけします)
　　　④请喝茶。Qǐng hē chá. (お茶をどうぞ)

(024) (9) いつ来るかを聞くとき
　　　①今天星期几? Jīntiān xīngqī jǐ? (今日は何曜日ですか)
　　　②你什么时候来? Nǐ shénme shíhou lái? (いつ来ますか)
　　　③多少钱? Duōshao qián? (いくらですか)
　　　④为什么? Wèishénme? (なぜですか)

(025) (10) どう行くかを聞くとき
　　　①怎么写? Zěnme xiě? (どう書くのですか)
　　　②你要哪个? Nǐ yào nǎge? (どれがほしいのですか)
　　　③你去哪儿? Nǐ qù nǎr? (どこに行くのですか)
　　　④怎么去? Zěnme qù? (どう行きますか)

1 1.

(1) 2 chuān　　　穿　　（着る）

(2) 1 duǎn　　　短　　（短い）

(3) 4 gāngcái　　刚才　（先ほど）

(4) 1 fángjiān　　房间　（部屋）

(5) 3 jiǎndān　　简单　（簡単である）

2.

(6) 3 口 kǒu　　　我家有五口人。Wǒ jiā yǒu wǔ kǒu rén.
　　　　　　　　　　家族の人数を表すときに量詞"口"を使います。疑問
　　　　　　　　　　型「何人家族ですか？」と聞く場合は、"你家有几口
　　　　　　　　　　人？"とします。

(7) 1 几 jǐ　　　　后天星期几？Hòutiān xīngqī jǐ?
　　　　　　　　　　10以下の数字を聞く際に"几"を使います。

(8) 4 怎么 zěnme　到图书馆怎么走？Dào túshūguǎn zěnme zǒu?
　　　　　　　　　　「怎么＋動詞」は、「どのように＋動詞」の意味として
　　　　　　　　　　使い、手段方法を尋ねる疑問文です。

(9) 2 辆 liàng　　　他有两辆汽车。Tā yǒu liǎng liàng qìchē.
　　　　　　　　　　車を数えるときに量詞"辆"を使います。

(10) 2 多大 duō dà　你今年多大？Nǐ jīnnián duō dà?
　　　　　　　　　　"多大"は、「何歳」の意味で、見た目が10歳以下の子
　　　　　　　　　　供に対しては"你几岁？（Nǐ jǐ suì?)"を使います。

3.

(11) 4 叫 jiào　　　他叫什么名字？Tā jiào shénme míngzi?
　　　　　　　　　　動詞"叫"は、名前をフルネームで聞くときに使います。
　　　　　　　　　　「私の名前は。○○です。」の場合は、"我叫○○。"を
　　　　　　　　　　使います。

(12) 2 小学 xiǎoxué　我妈妈不是小学老师。Wǒ māma bú shì xiǎoxué lǎoshī.
　　　　　　　　　　"小学"は、「小学校」の意味で、否定形"不是"は「～
　　　　　　　　　　ではない」の意味です。

(13) 1 哪儿 nǎr　　昨天你去哪儿了？Zuótiān nǐ qù nǎr le?
　　　　　　　　　　"哪儿"は、場所を尋ねる疑問文です。

(14) 4 喜欢 xǐhuan   我很喜欢看电影。Wǒ hěn xǐhuan kàn diànyǐng.
「～することが好きです」という場合、日本語において
は「～することが」を省略することが多いが、中国語
においては"喜欢"の後ろに動詞を加えます。

(15) 1 买 mǎi   我们去超市买东西。Wǒmen qù chāoshì mǎi dōngxi.
"去超市"と"买东西"の2つの動詞フレーズが連なる
場合、動作が行われる順にします。

2

(1) 吃 chī   吃药 chī yào
簡体字の"药"は、「薬」の意味です。「薬を飲む」は、中
国語では「薬を食べる」となるので"吃药"とします。

(2) 骑 qí   骑摩托车 qí mótuōchē
動詞"骑"は、"バイク""馬""自転車"などまたいで乗
る際に使う「乗る」の意味です。

(3) 复习 fùxí   复习 fùxí
"复习"は、「復習」の簡体字になります。

(4) 高兴 gāoxìng   很高兴 hěn gāoxìng
"兴"は、「興」の簡体字になります。

(5) 便宜 piányi   很便宜 hěn piányi
"便宜"は、「(値段)安い」の意味で、「(値段)高い」は、
"贵 guì"を使います。

1 1. これから読む（1）〜（5）の中国語と一致するものを、それぞれ①〜④の中から１つ選びなさい。

(026) （1）　① hè（賀）　② hú（湖）　③ hé（和）　④ hù（护）

(027) （2）　① kè（客）　② kě（渴）　③ kù（酷）　④ kǔ（苦）

(028) （3）　① jiǎn（剪）　② zhuāng（装）　③ jiāng（江）　④ zhāng（章）

(029) （4）　① pò（迫）　② pó（婆）　③ bó（脖）　④ bō（波）

(030) （5）　① sāng（桑）　② sān（三）　③ sǎn（伞）　④ sàn（散）

2. （6）〜（10）のピンイン表記と一致するものを、それぞれ①〜④の中から１つ選びなさい。

(031) （6）fùxí　① fúshì 服饰　② hūxī 呼吸
　　　　　　　③ fùxí 复习　④ hùshi 护士

(032) （7）shǒuzhǐ　① shǒujì 手迹　② shǒujī 手机
　　　　　　　③ shōují 收集　④ shǒuzhǐ 手纸

(033) （8）tánhuà　① tánhuà 谈话　② tànghuà 烫画
　　　　　　　③ tànhuà 碳化　④ tánghuà 糖化

(034) （9）xīfú　① Xī Hú 西湖　② xǐhù 洗护
　　　　　　　③ xīfù 吸附　④ xīfú 西服

(035) （10）jiǎndān　① jiàndǎng 建党　② jiǎndān 简单
　　　　　　　③ jiàndàng 建档　④ jiāndàn 煎蛋

3. （11）〜（15）の日本語を中国語で言い表す場合、最も適当なものを、それぞれ①〜④の中から１つ選びなさい。

(036) （11）速い
　　　①远 yuǎn（遠い）　②慢 màn（遅い）
　　　③快 kuài（速い）　④近 jìn（近い）

(037) （12）夏
　　　①冬天 dōngtiān（冬）　②夏天 xiàtiān（夏）
　　　③春天 chūntiān（春）　④秋天 qiūtiān（秋）

（13）甘い

① 咸 xián（塩辛い）　　　　　② 酸 suān（酸っぱい）
③ 辣 là（辛い）　　　　　　　④ 甜 tián（甘い）

（14）コップ

① 杯子 bēizi（コップ）　　　　② 桌子 zhuōzi（テーブル）
③ 筷子 kuàizi（箸）　　　　　④ 瓶子 píngzi（瓶）

（15）財布

① 手机 shǒujī（携帯電話）　　② 电脑 diànnǎo（パソコン）
③ 钱包 qiánbāo（財布）　　　④ 眼镜 yǎnjìng（メガネ）

2 1. （1）〜（5）の日本語を中国語で言い表す場合、最も適当なものを、それ
ぞれ①〜④の中から1つ選びなさい。

（1）2時45分

①二点一刻 èr diǎn yí kè（このような言い方はない）
②两点三刻 liǎng diǎn sān kè（2時45分）
③两点一刻 liǎng diǎn yí kè（2時15分）
④二点三刻 èr diǎn sān kè（このような言い方はない）

（2）来週の金曜日

①下个星期五 xià ge xīngqīwǔ（来週の金曜日）
②上个星期三 shàng ge xīngqīsān（先週の水曜日）
③下个星期四 xià ge xīngqīsì（来週の木曜日）
④上个星期五 shàng ge xīngqīwǔ（先週の金曜日）

（3）237元

①二百七十三元 èrbǎi qīshisān yuán（273元）
②两百三七元 liǎngbǎi sān qī yuán（このような言い方はない）
③二百三十七元 èrbǎi sānshiqī yuán（237元）
④三百二十七元 sānbǎi èrshiqī yuán（327元）

（4）午前

①下午 xiàwǔ（午後）
②中午 zhōngwǔ（昼）
③上午 shàngwǔ（午前）
④早午 zǎo wǔ（このような言い方はない）

（5）暑い

①冷 lěng（寒い）
②暖和 nuǎnhuo（暖かい）
③凉快 liángkuai（涼しい）
④热 rè（暑い）

2. (6)～(10) のような場合、中国語ではどのように言うのが最も適当か、それぞれ①～④の中から１つ選びなさい。

(046) (6) 昼会ったとき
①早上好。Zǎoshang hǎo.（おはようございます）
②你好。Nǐ hǎo.（こんにちは）
③晚上好。Wǎnshang hǎo.（こんばんは）
④你们好。Nǐmen hǎo.（皆さん、こんにちは）

(047) (7) お礼を言われたとき
①谢谢。Xièxie.（ありがとうございます）
②对不起。Duìbuqǐ.（すみません）
③没关系。Méi guānxì.（大丈夫です）
④不客气。Bú kèqi.（どういたしまして）

(048) (8) 久しぶりに会ったとき
①好久不见。Hǎojiǔ bújiàn.（お久しぶりです）
②不要紧。Bú yàojǐn.（大丈夫です）
③请多关照 Qǐng duō guānzhào.（どうぞよろしくお願いします）
④别客气。Bié kèqi.（どういたしまして）

(049) (9) 夜寝るとき
①再见 Zàijiàn.（さよなら）
②晚安。Wǎn'ān.（おやすみなさい）
③早安。Zǎo'ān.（おはようございます）
④你好。Nǐ hǎo.（こんにちは）

(050) (10) お茶をすすめるとき
①请喝茶。Qǐng hē chá.（お茶をどうぞ）
②吃什么? Chī shénme?（何を食べますか）
③请坐。Qǐngzuò.（おかけください）
④请进。Qǐng jìn.（お入りください）

1 1.

(1) 4　pàng　　胖　（太っている）

(2) 1　qīng　　轻　（軽い）

(3) 2　shàngkè　上课　（授業に出る）

(4) 3　duōshao　多少　（いくつ）

(5) 1　diànhuà　电话　（電話）

2.

(6) 3　多少 duōshao　他的手机号码是多少？ Tā de shǒujī hàomǎ shì duōshao?
電話番号を聞く場合、"多少"を用います。"多少"の後ろに量詞は必要ないが"几"の後ろには必ず量詞が必要になります。

(7) 2　会 huì　我不会骑自行车。Wǒ bú huì qí zìxíngchē.
"会（huì）"は、「（技術などを習得して）〜できる」という意味です。

(8) 4　吗 ma　最近你身体好吗？ Zuìjìn nǐ shēntǐ hǎo ma?
"吗？"を用いた諾否疑問文で、「はい」又は「いいえ」で答えられる疑問文のことを言います。

(9) 2　只 zhī　我养过两只猫。Wǒ yǎngguo liǎng zhī māo.
動物の量詞において、"只"は最も広く使われます。その他に"头""条""匹"も動物の量詞があります。

(10) 1　有一点 yǒu yìdiǎn　这个辣白菜有一点辣。Zhè ge là báicài yǒuyìdiǎn là.
「少し、ちょっと〜」の場合、"有一点"を用いる。"有一点"は、必ず形容詞の前に使われます。

3.

(11) 2　去 qù　明年我打算去中国旅游。
Míngnián wǒ dǎsuan qù Zhōngguó lǚyóu.
"打算"は、「〜するつもりである」を意味し、「S＋打算＋V」の形で使われます。

(12) 1　吃 chī　我在饭店吃饭。Wǒ zài fàndiàn chī fàn.
"饭"は「飯」の簡体字で、"吃饭"は「ご飯を食べる」の意味になります。「レストランで」は、"在饭店"で、"吃饭"の前に置きます。

(13) 1　他 tā　　　我比他个子高。Wǒ bǐ tā gèzi gāo.
比較文「A +"比"+ B + 形容詞」は、「A は B よ
り～です」を表します。

(14) 3　谁 shéi　　那是谁的词典? Nà shì shéi de cídiǎn?
"谁"は名詞を修飾し、"谁的词典""谁的书"な
どと使います。

(15) 2　爱好 àihào　你的爱好是什么? Nǐ de àihào shì shénme?
"爱好"は「趣味、興味」の意味で、物事に対し
て使うことができるが、人に対しては使う事がで
きません。

2

(1)　去 qù　　　去中国 qù Zhōngguó
"去"は「行く」の意味です。

(2)　喝 hē　　　喝果汁 hē guǒzhī
"果汁"は「ジュース」の意味です。

(3)　什么 shénme　干什么 gàn shénme
"什么"は「なに」、"干"は「やる、する」の意味です。

(4)　写信 xiě xìn　"写"は、「書く」、"信"は「手紙」の意味です。

(5)　好吃 hǎochī　这个菜挺好吃。Zhè ge cài tǐng hǎochī.
"好吃"は「(食べ物が)おいしい」、"挺"は「なかなか」
の意味です。

1 1. これから読む（1）～（5）の中国語と一致するものを、それぞれ①～④の中から１つ選びなさい。

(051) （1）　① xìng（姓）　② xìn（信）　③ xīn（新）　④ xīng（星）

(052) （2）　① zhū（猪）　② jù（聚）　③ zhù（住）　④ jū（居）

(053) （3）　① yǐng（影）　② yíng（营）　③ yǐn（饮）　④ yín（银）

(054) （4）　① lóu（楼）　② ròu（肉）　③ lòu（漏）　④ róu（柔）

(055) （5）　① chuàn（串）　② chuāng（窗）　③ chuǎng（闯）　④ chuān（穿）

2. （6）～（10）のピンイン表記と一致するものを、それぞれ①～④の中から１つ選びなさい。

(056) （6）zìdiǎn　　① cídiǎn 词典　　② qǐdiǎn 起点
　　　　　　　　　③ zìdiǎn 字典　　④ jǐ diǎn 几点

(057) （7）cōngming　① cōngming 聪明　　② zōngmíng 宗明
　　　　　　　　　③ zōngmín 宗民　　④ cōngmǐn 聪敏

(058) （8）lìshǐ　　① rìxī 日夕　　② lìshǐ 历史
　　　　　　　　　③ lìxī 利息　　④ rìshí 日食

(059) （9）shàngxué　① xiǎng xiě 想写　　② shàngxué 上学
　　　　　　　　　③ shàngxié 上斜　　④ xiǎng xué 想学

(060) （10）zázhì　① zázhí 杂职　　② zájì 杂技
　　　　　　　　　③ zhájì 札记　　④ zázhì 杂志

3. （11）～（15）の日本語を中国語で言い表す場合、最も適当なものを、それぞれ①～④の中から１つ選びなさい。

(061) （11）韓国語
　　　　①汉语 Hànyǔ（中国語）　　②英语 Yīngyǔ（英語）
　　　　③俄语 Éyǔ（ロシア語）　　④韩语 Hányǔ（韓国語）

(062) （12）短い
　　　　①轻 qīng（軽い）　　②短 duǎn（短い）
　　　　③重 zhòng（重い）　　④长 cháng（長い）

(063) （13）テレビ
　　　①电影 diànyǐng（映画）　　　②电话 diànhuà（電話）
　　　③电视 diànshì（テレビ）　　　④电灯 diàndēng（電灯）

(064) （14）口
　　　①嘴 zuǐ（口）　　　　　　　②手 shǒu（手）
　　　③头 tóu（頭）　　　　　　　④脸 liǎn（顔）

(065) （15）友達
　　　①大家 dàjiā（皆さん）　　　②孩子 háizi（子ども）
　　　③司机 sījī（運転手）　　　　④朋友 péngyou（友だち）

2 1. （1）～（5）の日本語を中国語で言い表す場合、最も適当なものを、それ
　　ぞれ①～④の中から1つ選びなさい。

(066) （1）172
　　　①一百七十二 yìbǎi qīshi'èr（172）
　　　②一百七二 yìbǎi qī'èr（このような言い方はない）
　　　③一百二十七 yìbǎi èrshiqī（127）
　　　④一百二十二 yìbǎi èrshi'èr（122）

(067) （2）2020年
　　　①二零二年 èr líng èr nián（202年）
　　　②两千零二十年 liǎng qiān líng èrshí nián（2020年間）
　　　③两千二十年 liǎng qiān èrshí nián（このような言い方はない）
　　　④二零二零年 èr líng èr líng nián（2020年）

(068) （3）先週の日曜日
　　　①上星期六 shàng xīngqīliù（先週の土曜日）
　　　②下星期五 xià xīngqīwǔ（来週の金曜日）
　　　③上星期天 shàng xīngqītiān（先週の日曜日）
　　　④下星期天 xià xīngqītiān（来週の日曜日）

(069) （4）5時半
　　　①五点零三 wǔ diǎn líng sān（5時3分）
　　　②五点三十 wǔ diǎn sānshí（5時30分）
　　　③五点十三 wǔ diǎn shísān（5時13分）
　　　④五点一刻 wǔ diǎn yí kè（5時15分）

(070) （5）明日の午後
　　　①明天上午 míngtiān shàngwǔ（明日の午前）
　　　②后天上午 hòutiān shàngwǔ（明後日の午前）
　　　③明天下午 míngtiān xiàwǔ（明日の午後）
　　　④今天下午 jīntiān xiàwǔ（今日の午後）

2. (6)〜(10) のような場合、中国語ではどのように言うのが最も適当か、それぞれ①〜④の中から1つ選びなさい。

(071) (6) 名前を聞くとき
    ① 你叫什么名字？ Nǐ jiào shénme míngzi?（お名前は）
    ② 你的电话号码是多少？ Nǐ de diànhuà hàomǎ shì duōshao?
      （あなたの電話番号は何番ですか）
    ③ 你是哪国人？ Nǐ shì nǎ guó rén?（あなたはどこの国の人ですか）
    ④ 你吃什么？ Nǐ chī shénme?（あなたは何を食べますか）

(072) (7) 相手を歓迎するとき
    ① 哪里哪里。Nǎli nǎli.（いえいえ）
    ② 初次见面。Chūcì jiànmiàn.（はじめまして）
    ③ 欢迎欢迎。Huānyíng huānyíng.（よくいらっしゃいました）
    ④ 好久不见。Hǎojiǔ bújiàn.（お久しぶりです）

(073) (8) 待ってもらうとき
    ① 请再说一遍。Qǐng zàishuō yībiàn.（もう一度言ってください）
    ② 请等一下。Qǐng děng yíxià.（少し待ってください）
    ③ 请别客气。Qǐng bié kèqi.（遠慮しないでください）
    ④ 请让一下。Qǐng ràng yíxià.（ちょっとどいてください）

(074) (9) お礼を言うとき
    ① 大家好。Dàjiā hǎo.（皆さん、こんにちは）
    ② 对不起。Duìbuqǐ.（申し訳ありません）
    ③ 谢谢你。Xièxie nǐ.（ありがとうございます）
    ④ 我走了。Wǒ zǒu le.（お先に失礼します）

(075) (10) 部屋に入るようすすめるとき
    ① 请问。Qǐngwèn.（お尋ねします）
    ② 请看。Qǐng kàn.（ご覧ください）
    ③ 请坐。Qǐngzuò.（おかけください）
    ④ 请进。Qǐng jìn.（お入りください）

1 1.

(1) 1 màn 　　慢　　（スピードが遅い）

(2) 3 guì 　　贵　　（値段が高い）

(3) 2 shítáng 　　食堂　　（食堂）

(4) 4 sījī 　　司机　　（運転手）

(5) 1 jièshào 　　介绍　　（紹介する）

2.

(6) 3 门 mén 　　我哥哥会三门外语。Wǒ gēge huì sān mén wàiyǔ.
　　　　　　　量詞"门 (mén)"は、「（学科や学術などを数える場合の）種類、科目」の意味になります。

(7) 1 还是 háishi 　　你喝红茶还是喝咖啡? Nǐ hē hóngchá háishi hē kāfēi?
　　　　　　　選択疑問詞「それとも」は、"还是"を使います。

(8) 4 一下 yíxià 　　请说明一下。Qǐng shuōmíng yíxià.
　　　　　　　"一下"は動詞の後ろに置くことで「ちょっと」の意味になります。

(9) 2 早点 zǎodiǎn 　　今天你累了，早点休息吧。
　　　　　　　Jīntiān nǐ lèi le, zǎodiǎn xiūxi ba.
　　　　　　　"吧 (ba)"は文末に用いて、「〜したらどうですか?」「〜しましょう」のように提案などを表します。

(10) 1 呢 ne 　　你忙什么呢? Nǐ máng shénme ne?
　　　　　　　"忙什么呢? (máng shénme ne?)"で、「何をしてるの?」と相手に尋ねる場合のよく使う表現です。

3.

(11) 2 多多 duōduō 　　请您多多关照。Qǐng nín duōduō guānzhào.
　　　　　　　「どうぞよろしくお願いします。」は、"请多多关照。"の他に"请多多指教。(Qǐng duōduō zhǐjiào.)"の言い方があります。

(12) 1 见 jiàn 　　初次见面，我姓山田。Chūcì jiànmiàn, wǒ xìng Shāntián.

(13) 3 非常 fēicháng 　　我们的教室非常干净。Wǒmen de jiàoshì fēicháng gānjing.
　　　　　　　副詞"非常"は「とても」の意味で、形容詞"干净"の前に置きます。

(14) 4　很多 hěn duō　他有很多外国朋友。Tā yǒu hěn duō wàiguó péngyou.
副詞"很"は「とても」の意味です。

(15) 2　机场 jīchǎng　我去机场送她。Wǒ qù jīchǎng sòng tā.
"机场"は「機場」が簡略化された形で、「飛行場、空港」を意味します。"去机场"と"送她"の2つの動作は、行われる順番にします。

2

(1) 走 zǒu　中国語の"走"は日本語の「歩く」の意味となり、日本語の「走る」は中国語では"跑 pǎo"となります。

(2) 远 yuǎn　离图书馆很远 lí túshūguǎn hěn yuǎn
「遠」の簡体字は"远"で、「図書館」は"图书馆"です。"离＋場所"で「～まで」の意味になります。

(3) 上班 shàng bān　上班 shàngbān
"上班"は「出勤する」、"下班 (xiàbān)"は「退勤する」の意味です。

(4) 老师 lǎoshī　小学老师 xiǎoxué lǎoshī
"老师"は日本語では「(学校の) 先生」の意味で、中国語の"先生 (xiānsheng)"は男性を指します。

(5) 喜欢 xǐhuan　我喜欢吃法国菜 Wǒ xǐhuan chī Fǎguócài.
"喜"の簡体字は「喜」で、"歡"の簡体字は「欢」です。動詞"吃"を用いて表します。

1 1. これから読む (1)～(5) の中国語と一致するものを，それぞれ①～④の中から1つ選びなさい。

(076) (1) ① zhēng 争　② zhōng 终　③ zhòng 众　④ zhèng 政

(077) (2) ① qí 骑　② chí 迟　③ qǐ 起　④ chī 吃

(078) (3) ① mǐn 闽　② míng 名　③ mìng 命　④ mín 民

(079) (4) ① jǐn 锦　② jǐng 景　③ jìn 近　④ jìng 镜

(080) (5) ① zhuī 追　② zuì 罪　③ zhuì 坠　④ zuǐ 嘴

2. (6)～(10) のピンイン表記と一致するものを、それぞれ①～④の中から1つ選びなさい。

(081) (6) qǐchuáng
① qǐchuáng 起床　② qìchuǎn 气喘
③ qìchuāng 气窗　④ chīchuān 吃穿

(082) (7) yìqǐ
① yīchǐ 一尺　② yìqí 一齐
③ yìzhí 一直　④ yìqǐ 一起

(083) (8) wǎngshang
① wánshǎng 玩赏　② wǎngshang 网上
③ wǎngshāng 网商　④ wǎnshang 晚上

(084) (9) xiūxi
① xiūxí 修习　② xiūshì 修饰
③ xùshì 叙事　④ xiūxi 休息

(085) (10) tángguǒ
① tǎngruò 倘若　② tāngguō 汤锅
③ tángguǒ 糖果　④ tánggāo 糖膏

3. (11)～(15) の日本語を中国語で言い表す場合、最も適当なものを、それぞれ①～④の中から1つ選びなさい。

(086) (11) 黄色
①黑色 hēisè（黒）　②白色 báisè（白）
③黄色 huángsè（黄色）　④红色 hóngsè（赤）

(087) (12) パン
①面包 miànbāo（パン）　②饺子 jiǎozi（ギョウザ）
③面条 miàntiáo（麺）　④包子 bāozi（饅頭）

(088) （13）来年
　　　①前年 qiánnián（おととし）　②明年 míngnián（来年）
　　　③后年 hòunián（再来年）　④今年 jīnnián（今年）

(089) （14）後ろ
　　　①前边 qiánbian（前）　②旁边 pángbiān（隣）
　　　③外边 wàibian（外）　④后边 hòubian（後ろ）

(090) （15）少ない
　　　①大 dà（大きい）　②少 shǎo（少ない）
　　　③小 xiǎo（小さい）　④多 duō（多い）

2 1. （1）〜（5）の日本語を中国語で言い表す場合、最も適当なものを、それ
　　　ぞれ①〜④の中から1つ選びなさい。

(091) （1）16歳
　　　①十七岁 shíqī suì（17歳）
　　　②十六岁 shíliù suì（16歳）
　　　③一六岁 yī liù suì（このような言い方はない）
　　　④十六年 shíliù nián（16年間）

(092) （2）180
　　　①百一八 bǎi yībā（このような言い方はない）
　　　②一百八 yìbǎi bā（180）
　　　③一零八 yīlíngbā（電話番号や部屋番号などの108）
　　　④一八零 yībālíng（電話番号や部屋番号などの180）

(093) （3）先週の土曜日
　　　①上星期六 shàng xīngqīliù（先週の土曜日）
　　　②下星期四 xià xīngqīsì（来週の木曜日）
　　　③上星期五 shàng xīngqīwǔ（先週の金曜日）
　　　④下星期天 xià xīngqītiān（来週の日曜日）

(094) （4）2001年
　　　①二一零年 èr yī líng nián（このような言い方はない）
　　　②两千一年 liǎng qiān yīnián（このような言い方はない）
　　　③二零一年 èr líng yīnián（このような言い方はない）
　　　④二零零一年 èr líng líng yī nián（2001年）

(095) （5）4時57分
　　　①差三分四点 chà sān fēn sì diǎn（3時57分）
　　　②五点五十七分 wǔ diǎn wǔshiqī fēn（5時57分）
　　　③四点五十七分 sì diǎn wǔshiqī fēn（4時57分）
　　　④四点三刻 sì diǎn sān kè（4時45分）

2. (6)〜(10) のような場合、中国語ではどのように言うのが最も適当か、それぞれ①〜④の中から1つ選びなさい。

(096) (6) 曜日を聞くとき
①今天几号? Jīntiān jǐ hào? (今日は何日ですか)
②为什么? Wèishénme? (どうしてですか)
③你几岁了? Nǐ jǐ suì le? (おいくつですか)
④今天星期儿? Jīntiān xīngqī jǐ? (今日は何曜日ですか)

(097) (7) 朝、人と会ったとき
①早上好! Zǎoshang hǎo! (おはようございます)
②晚安! Wǎn'ān! (お休みなさい)
③晚上好! Wǎnshang hǎo! (こんばんは)
④你好! Nǐ hǎo! (こんにちは)

(098) (8) 値段がいくらか聞くとき
①什么时候? Shénme shíhou? (いつですか)
②怎么办? Zěnme bàn? (どうしますか)
③多少钱? Duōshao qián? (おいくらですか)
④怎么走? Zěnme zǒu? (どう行けばいいですか)

(099) (9) 誕生日を祝うとき
①元旦快乐! Yuándàn kuàilè! (明けましておめでとうございます)
②生日快乐! Shēngri kuàilè! (お誕生日おめでとうございます)
③春节快乐! Chūnjié kuàilè!
　(お正月明けましておめでとうございます)
④圣诞节快乐! Shèngdànjié kuàilè! (メリークリスマス)

(100) (10) 人を見送るとき
①你慢走。 Nǐ màn zǒu. (お気をつけてお帰りください)
②我先走了。 Wǒ xiān zǒu le. (お先に失礼します)
③辛苦了。 Xīnkǔ le. (ご苦労様です)
④你去哪儿? Nǐ qù nǎr? (あなたはどこに行きますか)

1 1.

(1) 3 zǒu 　　走　　（歩く）

(2) 1 wàng 　　忘　　（忘れる）

(3) 2 yínháng 　　银行　　（銀行）

(4) 4 rènzhēn 　　认真　　（真面目である）

(5) 1 fángjiān 　　房间　　（部屋）

2.

(6) 2 件 jiàn 　　我买了一件衣服。Wǒ mǎile yí jiàn yīfu.
量詞"件"は、服などを数える場合に使われます。

(7) 4 怎么样 zěnmeyàng 　　今天北京天气怎么样? Jīntiān Běijīng tiānqì zěnmeyàng?
"怎么样（zěnmeyàng）"は述語として用い、情況を
確認する「どのようですか？」という意味で使わ
れます。

(8) 3 个 ge 　　那个人是谁? Nà ge rén shì shéi?
量詞"个"は、人を数える場合に使われます。

(9) 1 空 kòng 　　明天你有空吗? Míngtiān nǐ yǒu kòng ma?
"有～吗？"は「ありますか？」の意味になります。

(10) 2 遍 biàn 　　再说一遍好吗? Zài shuō yí biàn hǎo ma?
量詞"遍"は、動作を最初から最後まで一度行う
ことを表します。「文章、映画、音楽、話した内容」
などに用います。

3.

(11) 1 一共 yígòng 　　这些一共多少钱? Zhèxiē yígòng duōshao qián?
"一共"は「合わせて」、"多少钱"は値段を尋ね
る「いくら？」を意味します。

(12) 4 听见 tīngjian 　　我刚才听见他的声音。
Wǒ gāngcái tīngjian tā de shēngyīn.
"听见"は非持続性動詞で「聞こえる」を意味し
ます。

(13) 3 不 bú 　　明天上午我可能不在家。
Míngtiān shàngwǔ wǒ kěnéng bú zài jiā.
「不在＋場所」で「場所＋にいない」となります。

(14) 1 得 de

这孩子英语说得很好。
Zhè háizi Yīngyǔ shuō de hěn hǎo.
"说得很好"は、「動詞／形容詞＋得＋状態補語」
で、「話すのがとても上手です」を意味します。

(15) 4 见 jiàn

你在哪儿见她的? Nǐ zài nǎr jiàn tā de?
「どこで」"在哪儿"は、「彼女に会う」"见她"の
前に置きます。

2

(1) 钱 qián

忘带钱了 wàngdài qián le
"钱"は、「銭」の簡体字となり、「お金」を意味
します。

(2) 买 mǎi

买手机 mǎi shǒujī
"手机"は「携帯電話」の意味で、「スマートフォ
ン」は"智能手机 (zhìnéng shǒujī)"となります。"买
(mǎi)"は「買う」、"卖 (mài)"は「売る」の意味
となります。

(3) 打扫 dǎsǎo

打扫房间 dǎsǎo fángjiān
"打扫"は「掃除する」で、"房间"は「部屋」の
意味となります。

(4) 回家 huíjiā

回家 huíjiā
"回家"は「帰宅する」の意味となります。

(5) 咖啡 kāfēi

喝咖啡 hē kāfēi
"咖啡"は「コーヒー」の意味で、「飲む」は"喝"
を使います。

1 1. これから読む（1）〜（5）の中国語と一致するものを、それぞれ①〜④の中から1つ選びなさい。

⟨101⟩ （1） ① shú 熟　② xú 徐　③ xǔ 许　④ shù 术

⟨102⟩ （2） ① bàng 傍　② bān 班　③ bāng 帮　④ bǎn 阪

⟨103⟩ （3） ① shǎng 赏　② xiàng 向　③ shàng 上　④ xiǎng 想

⟨104⟩ （4） ① píng 评　② pǐn 品　③ qǐng 请　④ qín 勤

⟨105⟩ （5） ① tǐng 挺　② dǐng 顶　③ tīng 听　④ dīng 丁

2. （6）〜（10）のピンイン表記と一致するものを、それぞれ①〜④の中から1つ選びなさい。

⟨106⟩ （6）bàozhǐ　① bǎozhí 保值　② bāozi 包子　③ bǎojí 保级　④ bàozhǐ 报纸

⟨107⟩ （7）hànzì　① hànzi 汉子　② hānzi 憨子　③ Hànzì 汉字　④ hānzhí 憨直

⟨108⟩ （8）gāngbǐ　① gāngbǐ 钢笔　② kānbǐ 堪比　③ gǎngbì 港币　④ gānbīng 干冰

⟨109⟩ （9）cānguān　① cānggǔ 苍古　② cānguān 参观　③ cánguāng 残光　④ cānguǎn 餐馆

⟨110⟩ （10）jìdào　① zhǐdǎo 指导　② jì dào 寄到　③ zhīdao 知道　④ jīdǎo 击倒

3. （11）〜（15）の日本語を中国語で言い表す場合、最も適当なものを、それぞれ①〜④の中から1つ選びなさい。

⟨111⟩ （11）冬休み
①春节 Chūnjié（旧正月）　②暑假 shǔjià（夏休み）
③请假 qǐngjià（休みを取る）　④寒假 hánjià（冬休み）

⟨112⟩ （12）食堂
①商店 shāngdiàn（商店）　②食堂 shítáng（食堂）
③宿舍 sùshè（寮）　④书店 shūdiàn（本屋）

(113) (13) テニス
- ①网球 wǎngqiú（テニス）
- ③棒球 bàngqiú（野球）
- ②足球 zúqiú（サッカー）
- ④篮球 lánqiú（バスケットボール）

(114) (14) 昼食
- ①晚饭 wǎnfàn（夕食）
- ③吃饭 chīfàn（食事をする）
- ②午饭 wǔfàn（昼食）
- ④早饭 zǎofàn（朝食）

(115) (15) コーヒー
- ①牛奶 niúnǎi（ミルク）
- ③咖啡 kāfēi（コーヒー）
- ②啤酒 píjiǔ（ビール）
- ④可乐 kělè（コーラ）

2 1. (1)～(5) の日本語を中国語で言い表す場合、最も適当なものを、それぞれ①～④の中から1つ選びなさい。

(116) (1) 来週の火曜日
- ①上星期二 shàng xīngqī'èr（先週の火曜日）
- ②下星期四 xià xīngqīsì（来週の木曜日）
- ③上星期三 shàng xīngqīsān（先週の水曜日）
- ④下星期二 xià xīngqī'èr（来週の火曜日）

(117) (2) 8時58分
- ①差两分八点 chà liǎng fēn bā diǎn（7時58分）
- ②差二分九点 chà èr fēn jiǔ diǎn（このような言い方はない）
- ③八点五十八分 bā diǎn wǔshíbā fēn（8時58分）
- ④八点三刻 bā diǎn sān kè（8時45分）

(118) (3) 140
- ①一百四十 yìbǎi sìshí（140）
- ②一百零四 yìbǎi líng sì（104）
- ③一千四十 yìqiān sìshí
  （このような言い方はない。1040は"一千零四十"）
- ④一四零 yī sì líng（線路バスの番号や部屋番号などの140）

(119) (4) 3日間
- ①三天 sān tiān（3日間）
- ②三点 sān diǎn（3時）
- ③三个天 sān ge tiān（このような言い方はない）
- ④三号 sān hào（3日）

（5）65歳
　　　①六五岁 liù wǔ suì（このような言い方はない）
　　　②六十四岁 liùshisì suì（64歳）
　　　③六十五岁 liùshiwǔ suì（65歳）
　　　④六十七岁 liùshiqī suì（67歳）

2.（6）〜（10）のような場合、中国語ではどのように言うのが最も適当か、
　　それぞれ①〜④の中から1つ選びなさい。

♪121（6）夜、人と会ったとき
　　　①晚安。Wǎn'ān.（おやすみなさい）
　　　②早上好。Zǎoshang hǎo.（おはようございます）
　　　③大家好。Dàjiā hǎo.（皆さん、こんにちは）
　　　④晚上好。Wǎnshang hǎo.（こんばんは）

♪122（7）新年のあいさつをするとき
　　　①生日快乐。Shēngrì kuàilè.（お誕生日おめでとうございます）
　　　②一路平安。Yílù píng'ān.（道中ご無事に）
　　　③新年快乐。Xīnnián kuàilè.（明けましておめでとうございます）
　　　④祝你健康。Zhù nǐ jiànkāng.（ご健康をお祈りいたします）

♪123（8）人を待たせたとき
　　　①让你久等了。Ràng nǐ jiǔ děng le.（お待たせしました）
　　　②好久不见。Hǎojiǔ bújiàn.（お久しぶりです）
　　　③哪里，哪里。Nǎli, nǎli.（いえいえ）
　　　④认识你，很高兴。Rènshi nǐ, hěn gāoxìng.
　　　　（知り合って、うれしいです）

♪124（9）後ほど会う人へ言うとき
　　　①回头见。Huítóu jiàn.（また後で）
　　　②不要送。Bú yào sòng.（見送りは結構です）
　　　③很抱歉。Hěn bàoqiàn.（申し訳ありません）
　　　④不用谢。Búyòng xiè.（どういたしまして）

♪125（10）人に褒められたとき
　　　①没问题。Méi wèntí.（問題がありません）
　　　②没事，没事。Méi shì, méi shì.（大丈夫です）
　　　③欢迎，欢迎。Huānyíng, huānyíng.（よくいらっしゃいました）
　　　④哪里，哪里。Nǎli, nǎli.（いえいえ）

1 1.

(1) 2 jiǎo 　脚　（足）

(2) 1 chuán 　船　（船）

(3) 4 zhīdao 　知道　（知っている）

(4) 3 dōngxi 　东西　（物）

(5) 1 dùzi 　肚子　（お腹）

2.

(6) 3 本 běn 　你看过这本小说吗? Nǐ kànguo zhè běn xiǎoshuō ma?
量詞 "本" は、「本、雑誌」などを数えるときに使います。

(7) 4 又 yòu 　他今天又来了! Tā jīntiān yòu lái le!
"又" の基本用法として、同類の動作或はある情況が繰り返し発生した場合に使われます。

(8) 1 吧 ba 　我们一起练习汉语会话吧?
Wǒmen yìqǐ liànxí Hànyǔ huìhuà ba?
"吧" は、語気に用いて確認を求める疑問文になります。

(9) 2 就 jiù 　暑假马上就到了。Shǔjià mǎshàng jiù dào le.
"马上" は、「もうすぐ」の意味で、"就" を加えることで時間がとても短いことを強調します。

(10) 1 得 de 　我生日过得很愉快。Wǒ shēngri guò de hěn yúkuài.
「とても愉快でした」など動作のありさまを表現するときは、「動詞＋得」の後ろに形容詞などの補語を伴います。

3.

(11) 4 一起 yìqǐ 　我跟弟弟一起去学校。Wǒ gēn dìdi yìqǐ qù xuéxiào.
"一起" は、「一緒に」の意味で、"A跟B～" で「AとBは～」の意味になります。

(12) 1 去公司 qù gōngsī 　我每天开车去公司上班。
Wǒ měitiān kāichē qù gōngsī shàngbān.
"开车" と "去公司上班" の2つの動作は、行われる順番にします。

（13）4　我 wǒ

他请我吃饭了。Tā qǐng wǒ chīfàn le.
文末に"了"を付けて、動作の完了・実現を意味します。

（14）3　可以 kěyǐ

这儿可以抽烟吗? Zhèr kěyǐ chōuyān ma?
"可以＋動詞"の形で、「動詞＋できる」の意味になります。

（15）2　说 shuō

我汉语说得快不快? Wǒ Hànyǔ shuō de kuài bu kuài?
反復疑問は、補語の部分を肯定形と否定形にします。

2

（1）热 rè

今年夏天很热。Jīnnián xiàtiān hěn rè.
「暑い」は、"暑"ではなく"熱"の簡体字"热（rè）"を使います。

（2）看 kàn

看电视 kàn diànshì
日本語の「テレビ」は、中国語の簡体字で"电视"です。また中国語においての「見る」は"看（kàn）"を使います。

（3）早饭 zǎofàn

吃早饭 chī zǎofàn
「飯」の簡体字は"饭"となり、「朝ご飯」は"早饭（zǎofàn）"、「昼ご飯」は"午饭（wǔfàn）"、「晩ご飯」は"晚饭（wǎnfàn）"となります。

（4）暑假 shǔjià

现在是暑假。Xiànzài shì shǔjià.
「夏休み」は"暑假（shǔjià）"、「冬休み」は"寒假（hánjià）"となります。

（5）时间 shíjiān

没（有）时间。méi（yǒu）shíjiān.
「時間」の簡体字は、"时间（shíjiān）"となります。

1 1. これから読む（1）～（5）の中国語と一致するものを、それぞれ①～④の中から1つ選びなさい。

(126) （1） ① jiān 间　　② jiàn 见　　③ qiān 千　　④ qiàn 歉

(127) （2） ① yǔ 雨　　② yú 鱼　　③ yóu 邮　　④ yǒu 有

(128) （3） ① zhèng 证　② zhǒng 种　③ zhěng 整　④ zhòng 重

(129) （4） ① cóng 从　　② chēng 撑　③ chǒng 宠　④ chéng 成

(130) （5） ① jǐ 几　　　② zhǐ 纸　　③ jí 急　　④ zhì 志

2. （6）～（10）のピンイン表記と一致するものを、それぞれ①～④の中から1つ選びなさい。

(131) （6） shuǐjiǎo
　　　① shuǐzhǎo 水沼　　② shuìjiào 睡觉
　　　③ suíjí 随即　　　　④ shuǐjiǎo 水饺

(132) （7） sùshè
　　　① sùshù 素数　　　② sùshè 宿舍
　　　③ sùshū 素书　　　④ sèshé 色蛇

(133) （8） liánxì
　　　① liánxì 联系　　　② liànshì 链式
　　　③ liánsuǒ 连锁　　　④ liànxí 练习

(134) （9） jīhuì
　　　① zhìhuì 智慧　　　② zhǐhuī 指挥
　　　③ jīhuì 机会　　　　④ jíhuì 集会

(135) （10） shāngliang
　　　① shǎnliàng 闪亮　　② shàngliáng 上梁
　　　③ shànliáng 善良　　④ shāngliang 商量

3. （11）～（15）の日本語を中国語で言い表す場合、最も適当なものを、それぞれ①～④の中から1つ選びなさい。

(136) （11） 昨日
　　　①昨天 zuótiān（昨日）　　　②前天 qiántiān（おととい）
　　　③后天 hòutiān（あさって）　④明天 míngtiān（明日）

(137) （12） 兄
　　　①姐姐 jiějie（姉）　　　　②弟弟 dìdi（弟）
　　　③爸爸 bàba（父）　　　　④哥哥 gēge（兄）

107

(138) (13) 買う
　　　　①借 jiè（借りる）　　　　　②买 mǎi（買う）
　　　　③给 gěi（あげる）　　　　　④卖 mài（売る）

(139) (14) イギリス
　　　　①英国 Yīngguó（イギリス）　②法国 Fǎguó（フランス）
　　　　③美国 Měiguó（アメリカ）　　④德国 Déguó（ドイツ）

(140) (15) お腹
　　　　①鼻子 bízi（鼻）　　　　　　②眼睛 yǎnjing（目）
　　　　③耳朵 ěrduo（耳）　　　　　　④肚子 dùzi（腹）

2 1. (1)〜(5)の日本語を中国語で言い表す場合、最も適当なものを、それぞれ①〜④の中から1つ選びなさい。

(141) (1) 2時15分
　　　　①两点五十一分 liǎng diǎn wǔshiyī fēn（2時51分）
　　　　②两点十五刻 liǎng diǎn shíwǔ kè（このような言い方はない）
　　　　③两点一刻 liǎng diǎn yí kè（2時15分）
　　　　④二点十五分 èr diǎn shí wǔ fēn（このような言い方はない）

(142) (2) 120
　　　　①一百二十 yìbǎi èrshí（120）
　　　　②一百二十一 yìbǎi èrshiyī（121）
　　　　③百二十 bǎi èrshí（このような言い方はない）
　　　　④百一二十 bǎi yī èr shí（このような言い方はない）

(143) (3) 6日間
　　　　①六个 liù ge（6つ）
　　　　②六天 liù tiān（6日間）
　　　　③六号 liù hào（6日）
　　　　④六日 liù rì（6日）

(144) (4) 先週の金曜日
　　　　①上星期四 shàng xīngqīsì（先週の木曜日）
　　　　②下星期六 xià xīngqīliù（来週の土曜日）
　　　　③下星期五 xià xīngqīwǔ（来週の金曜日）
　　　　④上星期五 shàng xīngqīwǔ（先週の金曜日）

(145) (5) 72歳
　　　　①七二岁 qī'èr suì（このような言い方はない）
　　　　②二十七岁 èrshiqī suì（27歳）
　　　　③七十二岁 qīshí'èr suì（72歳）
　　　　④二七岁 èrqī suì（このような言い方はない）

2. (6)〜(10) のような場合、中国語ではどのように言うのが最も適当か、
それぞれ①〜④の中から1つ選びなさい。

(146) (6) 相手に聞き直すとき
①请再说一遍。Qǐng zài shuō yí biàn.（もう一度言ってください）
②别客气。Bié kèqi.（遠慮しないでください）
③不知道。Bù zhīdào.（知りません）
④请等一等。Qǐng děng yi děng.（ちょっと待ってください）

(147) (7) 時間を聞くとき
①今天几号？ Jīntiān jǐ hào?（今日は何日ですか）
②几天？ Jǐ tiān?（何日間ですか）
③今天星期几？ Jīntiān xīngqī jǐ?（今日は何曜日ですか）
④几点了？ Jǐ diǎn le?（何時になりましたか）

(148) (8) 相手を紹介するとき
①你叫什么名字？ Nǐ jiào shénme míngzi?（お名前は）
②你在哪儿？ Nǐ zài nǎr?（あなたはどこにいますか）
③我来介绍一下。Wǒ lái jièshào yíxià.（私がちょっと紹介します）
④请等一下。Qǐng děng yíxià.（ちょっと待ってください）

(149) (9) 相手に面倒をかけたとき
①不要紧。Bú yàojǐn.（大丈夫です）
②麻烦你了。Máfan nǐ le.（お手数をおかけしました）
③辛苦了。Xīnkǔ le.（お疲れさまでした）
④祝你生日快乐。Zhù nǐ shēngrì kuàilè.
（お誕生日おめでとうございます）

(150) (10) 座るようにすすめるとき
①请吸烟。Qǐng xīyān.（どうぞたばこを）
②请喝茶。Qǐng hē chá.（お茶をどうぞ）
③请多多关照。Qǐng duōduō guānzhào.（どうぞよろしくお願いします）
④请坐。Qǐngzuò.（おかけください）

1 1.

(1) 1 lù　　　路

(2) 3 qiáng　　墙

(3) 2 yíyàng　　一样

(4) 4 yǐzi　　　椅子

(5) 1 xiǎojie　　小姐

2.

(6) 3 刻 kè　　　现在三点一刻。Xiànzài sān diǎn yí kè.
「一刻（yíkè）」は「15分」、「三刻（sānkè）」は「45分」
を表します。「30分」は「半（bàn）」を使うので、"二
刻（èrkè）"という表現はありません。

(7) 1 正在 zhèngzài　　我正在学习汉语呢。Wǒ zhèngzài xuéxí Hànyǔ ne.
"正在（zhèngzài）"は「～している」の意味で、動作
の進行を表します。

(8) 2 也 yě　　我也喜欢王老师。Wǒ yě xǐhuan Wáng lǎoshī.
副詞"也（yě）"は「～も」の意味です。

(9) 4 得 de　　我们班的学生学习得很认真。
Wǒmen bān de xuésheng xuéxí de hěn rènzhēn.
「学习＋得」は学習の様子、様態を表します。

(10) 2 着 zhe　　房间里的空调还开着呢。
Fángjiān li de kōngtiáo hái kāizhe ne.
"動詞＋着（zhe）"の形で、状態の持続を表します。

3.

(11) 1 谁 shéi　　这本书是谁的? Zhè běn shū shì shéi de?
疑問代名詞"谁"で「誰のものか」を問う疑問文です。

(12) 4 三分 sān fēn　　现在差三分八点。Xiànzài chà sān fēn bā diǎn.
"差"は「足りない」の意味になり、「7時57分」を
表します。

(13) 4 去 qù　　前天你们去哪儿了? Qiántiān nǐmen qù nǎr le?
"去哪儿"は「どこへ行く」の意味です。

(14) 1　帮 bāng　　　你能不能帮我一下？ Nǐ néng bu néng bāng wǒ yíxià?
　　　　　　　　　　　　"（能不能）＋帮＋手伝う相手＋一下" の順で "一下"
　　　　　　　　　　　　は「ちょっと」の意味になり、「ちょっと〜して頂け
　　　　　　　　　　　　ませんか？」の意味になります。

(15) 4　两年 liǎngnián　我学过两年汉语。Wǒ xuéguo liǎng nián Hànyǔ.
　　　　　　　　　　　　"動詞＋过（guò）" は、「動詞＋したことがある」とい
　　　　　　　　　　　　う経験の意味を表します。「2年間」は中国語では "两
　　　　　　　　　　　　年（liǎng nián）" となり、"二年（èr nián）" という表
　　　　　　　　　　　　現はありません。

2

(1)　说 shuō　　　　　说英语 shuō Yīngyǔ
　　　　　　　　　　　　"说" は「説」の簡体字で、「話す、言う」の意味に
　　　　　　　　　　　　なります。

(2)　唱 chàng　　　　　唱歌 chànggē
　　　　　　　　　　　　「1曲歌う」、「2曲歌う」などと言う場合は、"唱一
　　　　　　　　　　　　首歌"、"唱两首歌" と言います。

(3)　作业 zuòyè　　　　做作业 zuò zuòyè
　　　　　　　　　　　　"作业" は、「宿題」の意味になります。"业" は「業」
　　　　　　　　　　　　の簡体字で、日本語の工事などの「作業をする」の
　　　　　　　　　　　　作業の意味としても使われます。

(4)　开车 kāi chē　　　"开" は「開」の簡体字で "开（汽）车" とすることで、
　　　　　　　　　　　　「車を運転する、操作する」という意味で使われます。

(5)　照片 zhàopiàn　　　拍照片 pāi zhàopiàn
　　　　　　　　　　　　"照片" の量詞は "张（zhāng）" で、例えば「1枚の
　　　　　　　　　　　　写真」は "一张照片（yì zhāng zhàopiàn）"、「2枚の写真」
　　　　　　　　　　　　は "两张照片（liǎng zhāng zhàopiàn）" と使います。

1 (1)〜(10) の中国語の問いを聞き、答えとして最も適当なものを、それぞれ①〜④の中から1つ選びなさい。

(151) (1) 你家有几口人? Nǐ jiā yǒu jǐ kǒu rén? (あなたは何人家族ですか)
　①我家有爸爸、妈妈、弟弟。Wǒ jiā yǒu bàba、māma、dìdi.
　　(私の家には父、母、弟がいます)
　②你家有四个。Nǐ jiā yǒu sì ge. (あなたの家に4つあります)
　③我家有三口人。Wǒ jiā yǒu sān kǒu rén. (私は3人家族です)
　④她住在福冈。Tā zhù zài Fúgāng. (彼女は福岡に住んでいます)

(152) (2) 最近过得好吗? Zuìjìn guò de hǎo ma? (最近はいかがお過ごしですか)
　①昨天太累了。Zuótiān tài lèi le. (昨日は疲れすぎました)
　②你身体怎么样? Nǐ shēntǐ zěnmeyàng? (あなたの体調はどうですか)
　③最近很热。Zuìjìn hěn rè. (最近は暑いです)
　④挺好，你呢? Tǐng hǎo, nǐ ne? (なかなか良いです。あなたは)

(153) (3) 你听过这首歌吗? Nǐ tīngguo zhè shǒu gē ma?
　　(あなたはこの歌を聞いたことがありますか)
　①我喜欢这首歌。Wǒ xǐhuan zhè shǒu gē. (私はこの歌が好きです)
　②我没听过。Wǒ méi tīngguo. (私は聞いたことがありません)
　③这首歌是非常有名的。Zhè shǒu gē shì fēicháng yǒumíng de.
　　(この歌は非常に有名です)
　④他会唱这首歌。Tā huì chàng zhè shǒu gē.
　　(彼はこの歌を歌うことができます)

(154) (4) 你有电脑吗? Nǐ yǒu diànnǎo ma?
　　(あなたはパソコンを持っていますか)
　①我没有电子词典。Wǒ méiyǒu diànzǐ cídiǎn.
　　(私は電子辞書を持っていません)
　②我每天玩儿电脑游戏。Wǒ měitiān wánr diànnǎo yóuxì.
　　(私は毎日パソコンゲームをします)
　③我喜欢电脑。Wǒ xǐhuan diànnǎo. (私はパソコンが好きです)
　④有啊。我有电脑。Yǒu a. Wǒ yǒu diànnǎo.
　　(はい。私はパソコンを持っています)

(155) (5) 这件衣服多少钱? Zhè jiàn yīfu duōshao qián? (この服はおいくらですか)
　①一百四。Yìbǎi sì. (140元です)
　②我要那件红色的衣服。Wǒ yào nà jiàn hóngsè de yīfu.
　　(私はあの赤い服がほしい)
　③便宜点吧? Piányi diǎn ba? (安くしてください)
　④在哪儿买的? Zài nǎr mǎi de? (どこで買ったのですか)

(156) (6) 铃木同学今天几点来? Língmù tóngxué jīntiān jǐ diǎn lái?
(鈴木さんは今日何時に来ますか)
①他去上课了。Tā qù shàngkè le. (彼は授業に行きました)
②他今天下午去图书馆。Tā jīntiān xiàwǔ qù túshūguǎn.
（彼は今日午後図書館に行きます）
③他已经来了。Tā yǐjīng lái le. (彼はもう来ました)
④他下午三点来。Tā xiàwǔ sān diǎn lái. (彼は午後三時に来ます)

(157) (7) 你住在哪儿? Nǐ zhùzài nǎr? (あなたはどこに住んでいますか)
①那是她家。Nà shì tā jiā. (あれは彼女の家です)
②我住在横滨。Wǒ zhùzài Héngbīn. (私は横浜に住んでいます)
③我去东京了。Wǒ qù Dōngjīng le. (私は東京に行きました)
④明天我在家。Míngtiān wǒ zài jiā. (私は明日家にいます)

(158) (8) 你喜欢啤酒，还是喜欢葡萄酒? Nǐ xǐhuan píjiǔ, háishi xǐhuan pútaojiǔ?
（あなたはビールが好きですか、それともワインが好きですか）
①我喝了葡萄酒。Wǒ hē le pútaojiǔ. (私はワインを飲みました)
②我喜欢啤酒。Wǒ xǐhuan píjiǔ. (私はビールが好きです)
③我买了两瓶啤酒。Wǒ mǎile liǎng píng píjiǔ.
（私はビールを２本買いました）
④我喜欢牛奶。Wǒ xǐhuan niúnǎi. (私は牛乳が好きです)

(159) (9) 你们打算怎么去? Nǐmen dǎsuan zěnme qù?
（君たちはどうやって行くつもりですか）
①他们打算去北京。Tāmen dǎsuan qù Běijīng.
（彼らは北京に行くつもりです）
②我们去中国。Wǒmen qù Zhōngguó.
（私たちは中国に行きます）
③我们打算坐飞机去。Wǒmen dǎsuan zuò fēijī qù.
（私たちは飛行機で行くつもりです）
④我们四点出发。Wǒmen sìdiǎn chūfā. (私たちは４時に出発します)

(160) (10) 你会不会说英语? Nǐ huì bu huì shuō Yīngyǔ?
（あなたは英語が話せますか）
①我会说英语。Wǒ huì shuō Yīngyǔ. (私は英語が話せます)
②我喜欢英语。Wǒ xǐhuan Yīngyǔ. (私は英語が好きです)
③我去过美国。Wǒ qùguo Měiguó.
（私はアメリカに行ったことがあります）
④我会写英文。Wǒ huì xiě Yīngwén.
（私は英語を書くことができます）

🎧(161)

長文聴解 (1) ～ (5)

女的：最近你忙什么呢? 你不是喜欢游泳吗? 好久没见你去了。
男的：最近没有时间去游泳，大学毕业后决定去日本留学读大学院，现在在准备日语考试。
女的：你已经学了三年日语了吧?
男的：对，上大学以后开始学的。
女的：你打算去日本哪个城市留学?
男的：大阪。
女的：你在大学学的是软件开发专业吧? 为什么不直接去日本工作呢?
男的：其实我爸爸在大阪开公司，想让我过去帮忙。所以打算在日本学工商管理硕士，然后帮爸爸管理公司。

Nǚde : Zuìjìn nǐ máng shénme ne? Nǐ bú shì xǐhuan yóuyǒng ma? Hǎojiǔ méi jiàn nǐ qù le.
Nánde : Zuìjìn méiyǒu shíjiān qù yóuyǒng, dàxué bìyè hòu juédìng qù Rìběn liúxué dú dàxuéyuàn, xiànzài zài zhǔnbèi Rìyǔ kǎoshì.
Nǚde : Nǐ yǐjīng xuéle sān nián Rìyǔ le ba?
Nánde : Duì, shàng dàxué yǐhòu kāishǐ xué de.
Nǚde : Nǐ dǎsuan qù Rìběn nǎge chéngshì liúxué?
Nánde : Dàbǎn.
Nǚde : Nǐ zài dàxué xué de shì ruǎnjiàn kāifā zhuānyè ba? Wèishénme bù zhíjiē qù Rìběn gōngzuò ne?
Nánde : Qíshí wǒ bàba zài Dàbǎn kāi gōngsī, xiǎng ràng wǒ guòqù bāngmáng. Suǒyǐ dǎsuan zài Rìběn xué gōngshāng guǎnlǐ shuòshì, ránhòu bāng bàba guǎnlǐ gōngsī.

日本語訳

女性：最近何をしていますか。スイミングがお好きですよね。しばらくお会いしませんでしたが。
男性：最近はスイミングに行く時間がありません。大学を卒業したら、日本の大学院へ留学に行くと決めたので、今は日本語の受験勉強をしています。
女性：日本語を勉強してからもう 3 年になりましたよね。
男性：そうですね。大学に入ってから勉強し始めました。
女性：日本のどこに留学に行くつもりですか。
男性：大阪です。
女性：大学での専攻はソフトウェアの開発ですよね。どうして日本で就職しないのですか。

男性：実は父が大阪で会社を経営しており、私に手伝ってほしいと言って
　　　います。私は日本の大学院で経営学を修了してから、父の会社の経
　　　営を手伝おうと思っています。

（1）男的现在的专业是什么？ Nán de xiànzài de zhuānyè shì shénme?
　　　（男性の専攻は何ですか）
　　　①体育。Tǐyù.（スポーツ）
　　　②日语。Rìyǔ.（日本語）
　　　③工商管理。Gōngshāng guǎnlǐ.（経営学／MBA）
　　　④软件开发。Ruǎnjiàn kāifā.（ソフトウェアの開発）

（2）男的什么时候开始学日语的？ Nán de shénme shíhòu kāishǐ xué Rìyǔ de?
　　　（男性はいつから日本語を学び始めましたか）
　　　①高中。Gāozhōng.（高校）
　　　②大学本科。Dàxué běnkē.（大学の本科）
　　　③硕士。Shuòshì.（大学院修士課程）
　　　④最近。Zuìjìn.（最近）

（3）男的兴趣爱好是什么？ Nán de xìngqù àihào shì shénme?
　　　（男性の趣味は何ですか）
　　　①学日语。Xué Rìyǔ.（日本語を勉強する）
　　　②开发软件。Kāifā ruǎnjiàn.（ソフトウェアの開発）
　　　③游泳。Yóuyǒng.（スイミング）
　　　④管理。Guǎnlǐ.（経営）

（4）男的为什么要去大阪？ Nán de wèishénme yào qù Dàbǎn?
　　　（男性はなぜ大阪に行きますか）
　　　①不喜欢东京。Bù xǐhuan Dōngjīng.（東京は好きではありません）
　　　②去大阪打工。Qù Dàbǎn dǎgōng.（大阪へアルバイトに行きます）
　　　③去大阪留学。Qù Dàbǎn liúxué.（大阪へ留学に行きます）
　　　④去找爸爸玩儿。Qù zhǎo bàba wánr.（父を尋ねて遊びに行きます）

（5）男的留学之后想干什么？ Nán de liúxué zhīhòu xiǎng gàn shénme?
　　　（男性は留学してからは何をしたいですか）
　　　①找一份好工作。Zhǎo yífèn hǎo gōngzuò.（良い仕事につきます）
　　　②学好日语。Xuéhǎo Rìyǔ.（日本語をマスターします）
　　　③帮爸爸管理公司。Bāng bàba guǎnlǐ gōngsī.
　　　　（父の会社の経営を手伝います）
　　　④开公司。Kāi gōngsī.（会社を設立します）

長文聴解（6）〜（10）

　　我是日本人，叫铃木太郎。我家有四口人。爸爸、妈妈、哥哥和我。我

爸爸是律师，妈妈是老师，哥哥是大学生，我是高中生。我今年十五岁，哥哥比我大五岁。我和家人常常在外边吃饭。我们爱吃中国菜，特别是四川菜和东北菜。

Wǒ shì Rìběnrén, jiào Língmù Tàiláng. Wǒ jiā yǒu sì kǒu rén. Bàba, māma, gēge hé wǒ. Wǒ bàba shì lǜshī, māma shì lǎoshī, gēge shì dàxuéshēng, wǒ shì gāozhōngshēng. Wǒ jīnnián shíwǔ suì, gēge bǐ wǒ dà wǔ suì. Wǒ hé jiāren chángcháng zài wàibian chī fàn. Wǒmen ài chī Zhōngguócài, tèbié shì Sìchuāncài hé Dōngběicài.

日本語訳

私は日本人で、鈴木太郎と言います。私の家は四人家族です。父、母、兄と私です。父は弁護士、母は教師、兄は大学生で、私は高校生です。私は今年15歳になりました。兄は私より5歳年上です。私と家族はよく外食をします。私たちは中華料理が好きです。特に四川料理と東北料理が好きです。

(6) 我是哪国人？ Wǒ shì nǎ guó rén?（私はどこの国の人ですか）
　　①中国人。Zhōngguórén.（中国人）　　②日本人。Rìběnrén.（日本人）
　　③美国人。Měiguórén.（アメリカ人）　　④韩国人。Hánguórén.（韓国人）

(7) 我家有几口人？ Wǒ jiā yǒu jǐ kǒu rén?（私の家は何人家族ですか）
　　①三口人。Sān kǒu rén.（3人家族）
　　②五口人。Wǔ kǒu rén.（5人家族）
　　③四口人。Sì kǒu rén.（4人家族）
　　④六口人。Liù kǒu rén.（6人家族）

(8) 我妈妈的工作是什么？ Wǒ māma de gōngzuò shì shénme?
　　（母の職業はなんですか）
　　①护士。Hùshi.（看護師）　　②律师。Lǜshī.（弁護士）
　　③学生。Xuésheng.（学生）　　④老师。Lǎoshī.（教師）

(9) 我哥哥多大？ Wǒ gēge duō dà?（兄は何歳ですか）
　　①十五岁。Shíwǔ suì.（15歳）
　　②二十一岁。Èrshíyī suì.（21歳）
　　③十七岁。Shíqī suì.（17歳）
　　④二十岁。Èrshí suì.（20歳）

(10) 我和家人喜欢什么菜？ Wǒ hé jiārén xǐhuan shénme cài?
　　（私と家族は何料理が好きですか）
　　①广州菜。Guǎngzhōucài.（広州料理）
　　②东北菜。Dōngběicài.（東北料理）
　　③北京菜。Běijīngcài.（北京料理）
　　④粤菜。Yuècài.（広東料理）

1 1.

(1) 3　水平　(shuǐpíng)：レベル
　　　　国际　(guójì)：国際、国際的な
　　　　邮票　(yóupiào)：切手
　　　　服务　(fúwù)：サービス（する）

(2) 2　笑话　(xiàohua)：冗談、笑い話
　　　　比赛　(bǐsài)：試合（する）
　　　　马上　(mǎshàng)：すぐに
　　　　早饭　(zǎofàn)：朝食

(3) 4　预习　(yùxí)：予習する
　　　　菜单　(càidān)：メニュー
　　　　夏天　(xiàtiān)：夏
　　　　汽车　(qìchē)：自動車、車

(4) 2　作用　(zuòyòng) 作用（する）
　　　　课本　(kèběn)：教科書、テキスト
　　　　日语　(Rìyǔ)：日本語
　　　　自己　(zìjǐ)：自分、自己

(5) 4　牛奶　(niúnǎi)：牛乳
　　　　英语　(Yīngyǔ)：英語
　　　　工厂　(gōngchǎng)：工場
　　　　开始　(kāishǐ)：始める

2.

(6) 2　jǐnzhāng 紧张：緊張（する）

(7) 1　shǒudū 首都：首都

(8) 4　dǎgōng 打工：アルバイト（をする）

(9) 3　yǒuhǎo 友好：友好的である

(10) 2　wánchéng 完成：完成する

(1) 1 节　　今天我有两节课。Jīntiān wǒ yǒu liǎng jié kè.
　　　　　　（今日私は授業が 2 コマあります。）
　　　　　　量詞 "节（jié）" は「（授業の単位）コマ」を意味し、"两节课（liǎng jié kè）" で「2 コマの授業」の意味になります。

(2) 3 得　　她歌唱得好不好? Tā gē chàng de hǎo bu hǎo?
　　　　　　（彼女は歌が上手ですか。）
　　　　　　動詞が目的語を伴うとき、"V＋O＋V＋得" と動詞を繰り返します。この文では、歌を歌うのがどうであるかと、動作のありさまを表現しています。

(3) 2 还是　你喝咖啡还是喝茶? Nǐ hē kāfēi háishi hē chá?
　　　　　　（あなたはコーヒーを飲みますか、それともお茶を飲みますか。）
　　　　　　選択疑問詞「それとも」は、"还是" を使います。

(4) 4 死　　今天累死了。Jīntiān lèisǐ le.（今日はくたくたに疲れています。）
　　　　　　"動詞＋死＋了" は「一定の状態が極限に達していること」を意味します。

(5) 3 怎么　同学都去了，你怎么不去? Tóngxué dōu qù le, nǐ zěnme bú qù?
　　　　　　（クラスメートはみんな行ったのに、あなたはどうして行かないのですか。）
　　　　　　"怎么" は「どうして、なぜ」を意味します。

(6) 1 中　　在我的印象中他是个好人。
　　　　　　Zài wǒ de yìnxiàng zhōng tā shì ge hǎorén.
　　　　　　（私の印象では彼はいい人です。）
　　　　　　"在＋名詞句＋中" は、動作の発生或は状態が存在する範囲を表します。"在我的印象中" で「私の印象の中で」を意味します。

(7) 2 得　　你得做作业。Nǐ děi zuò zuòyè.
　　　　　　（あなたは宿題をしなければなりません。）
　　　　　　"得（děi）" は「～しなければならない」を意味します。

(8) 4 太　　今天太热了。Jīntiān tài rè le.（今日は暑すぎます。）
　　　　　　副詞 "太" は文末に "了" を伴い、「とても～である」の意味になります。

(9) 4 一点儿　我一点儿也不累。Wǒ yìdiǎnr yě bú lèi.
　　　　　　（私は少しも疲れていません。）
　　　　　　"一点儿也不～" で「少しも～ない」の意味で、"累（lèi）" は「疲れる」を意味します。

(10) 1 拉 　你会不会拉二胡? Nǐ huì bu huì lā èrhú?
　　　　　（あなたは二胡を弾けますか。）
　　　　　"会不会 (huì bu huì)" で「～できますか?」という疑問形
　　　　　になります。

3 1.

(1) 2 　你听过中国歌吗? Nǐ tīngguo Zhōngguó gē ma?
　　　　"过～吗?" は「これまでに～したことがありますか?」の意味に
　　　　なります。

(2) 4 　我英语说得不太好。Wǒ Yīngyǔ shuō de bú tài hǎo.
　　　　"動詞＋得＋不" の形で、状態について後ろから説明しています。

(3) 2 　这儿可以抽烟吗? Zhèr kěyǐ chōuyān ma?
　　　　"可以～吗?" の形で、「～できますか?」の意味になります。

(4) 1 　我骑自行车上班。Wǒ qí zìxíngchē shàngbān.
　　　　"骑自行车" と "上班" の 2 つの動作は行われる順番に書きます。

(5) 3 　现在差一刻两点。Xiànzài chà yí kè liǎng diǎn.
　　　　"差 (chà)" は「足りない」の意味で、"差一刻 (chà yí kè)" で「15
　　　　分前」の意味になります。

2.

(6) 3 是 　这些书都是她的。Zhèxiē shū dōu shì tā de.
　　　　副詞 "都 (dōu)" 「すべて」は、"是" の前に置きます。

(7) 2 去 　明天下午我打算去见朋友。
　　　　Míngtiān xiàwǔ wǒ dǎsuan qù jiàn péngyou.
　　　　"打算＋V" は「V するつもりである」の意味になります。

(8) 1 看 　他们在教室看书。Tāmen zài jiàoshì kàn shū.
　　　　"在＋場所＋動詞" で「（場所）で～する」を意味します。

(9) 2 在 　我们后天在哪儿见面? Wǒmen hòutiān zài nǎr jiànmiàn?
　　　　「どこで」"在哪儿 (zài nǎr)" は「会う」"见面 (jiànmiàn)" の
　　　　前に置きます。

(10) 3 邮局 　我想在邮局工作。Wǒ xiǎng zài yóujú gōngzuò.
　　　　介詞 "在"＋場所の語順で「～で」と場所を表します。

4

我叫工藤优作，现在上大学二年级。我在大学里学（ 1 ）半年汉语。汉语的发音很难，我只（ 2 ）说几个简单的单词。今年三月我一个人去台湾，旅行了一个星期。（ 3 ）我的汉语不好，（ 3 ）台湾人都非常热情，我玩儿得很开心。有一天，我坐公共汽车的时候，不知道（ 4 ）买票，我旁边的一位老伯特意走过来，用日语说："钱要投进这里"。我很感动，马上用汉语跟他说"多谢，多谢！"。回到日本，我决心要（ 5 ）汉语学好。现在，我打工的地方有很多中国客人。我经常用汉语和他们聊天儿。

Wǒ jiào Gōngténg Yōuzuò, xiànzài shàng dàxué èr niánjí. Wǒ zài dàxué lǐ xué (1) bàn nián Hànyǔ. Hànyǔ de fāyīn hěn nán, wǒ zhǐ (2) shuō jǐ ge jiǎndān de dāncí. Jīnnián sānyuè wǒ yí ge rén qù Táiwān, lǔxíngle yí ge xīngqī. (3) wǒ de Hànyǔ bù hǎo, (3) Táiwānrén dōu fēicháng rèqíng, wǒ wánr de hěn kāixīn. Yǒu yìtiān, wǒ zuò gōnggòng qìchē de shíhou, bù zhīdào (4) mǎi piào, wǒ pángbiān de yí wèi lǎobó tèyì zǒuguolai, yòng Rìyǔ shuō: "Qián yào tóujìn zhèli". Wǒ hěn gǎndòng, mǎshàng yòng Hànyǔ gēn tā shuō "Duōxiè, duōxiè!". Huídào Rìběn, wǒ juéxīn yào (5) Hànyǔ xuéhǎo. Xiànzài, wǒ dǎgōng de dìfang yǒu hěn duō Zhōngguó kèren. Wǒ jīngcháng yòng Hànyǔ hé tāmen liáotiānr.

私は工藤優作と言います。現在大学 2 年生です。大学で半年中国語を勉強したことがあります。中国語の発音はとても難しいです。いくつか簡単な単語しか話すことができません。今年3月に私は一人で台湾に行き、1週間旅行しました。私の中国語が下手にもかかわらず、台湾の人はとても親切でとても楽しく過ごしました。ある日、私がバスに乗るとき、切符の買い方が分かりませんでしたが、そばにいたおじさんがわざわざ来て日本語で「お金をここに入れなさい」と言ってくれました。私はとても感動して、すぐに中国語で「ありがとう！」と言いました。日本に帰ってから、私は中国語をマスターすることを決意しました。私のアルバイト先にはたくさんの中国人客がいます。私はよく中国語で彼らと話しをします。

（1）空欄（1）を埋めるのに適当なものは、次のどれか。
　①地 de　　②的 de　　③过 guo　　④得 de
　☞「動詞＋"过"」（……したことがある）を用いて過去の経験を表す。③が正解です。

（2）空欄（2）を埋めるのに適当なものは、次のどれか。
　①会 huì　　②有 yǒu　　③能 néng　　④在 zài
　☞助動詞"会"は練習、訓練の結果（……できる）という意味を表す①が正解となります。その他、"明天会下雨。"「明日雨は降るでしょう」のように"会"には「……のはずだ」という可能性を表すこともできます。

(3) 空欄 (3) を埋めるのに適当なものは、次のどれか。

①因为……所以 yīnwèi …… suǒyǐ

②因为……不过 yīnwèi …… búguò

③虽然……所以 suīrán …… suǒyǐ

④虽然……可是 suīrán …… kěshì

☞ 長文読解によく出てくる適切な呼応関係を選ぶ問題です。前半と後半は逆接関係になっているので、④「……ではあるが、しかし……」が正解です。

(4) 空欄 (4) を埋めるのに適当なものは、次のどれか。

①什么 shénme　②谁 shéi　③哪儿 nǎr　④怎么 zěnme

☞ "怎么"「どうやって、どのようにして」の意で、動詞の前に置かれて、動作の方式、手段を表す疑問代詞。

(5) 空欄 (5) を埋めるのに適当なものは、次のどれか。

①被 bèi　②把 bǎ　③让 ràng　④能 néng

☞ 処置文"把＋目的語＋動詞"で「(既知の) 目的語に対して処置する」を強調するので、②が正解です。

(6) 本文の内容と<u>一致しないもの</u>は、次のどれか。

①我在台湾玩得非常开心。Wǒ zài Táiwān wán de fēicháng kāixīn.

（私は台湾で楽しく遊びました。）

②我的汉语很好，所以去台湾旅行。

Wǒ de Hànyǔ hěn hǎo, suǒyǐ qù Táiwān lǚxíng.

（私は中国語が上手ですので、台湾へ旅行に行きました。）

③回到日本后我努力学习汉语。Huídào Rìběn hòu wǒ nǔlì xuéxí Hànyǔ.

（日本に帰ってから、私は頑張って中国語を勉強しています。）

④现在我喜欢和客人用汉语聊天。

Xiànzài wǒ xǐhuan hé kèrén yòng Hànyǔ liáotiān.

（今私は中国語でお客さんとおしゃべりするのが好きです。）

☞ 第 1-2 行に "汉语的发音很难，我只 (会) 说几个简单的单词。" という箇所から、本文の内容と一致しないものは②です。

5

(1) 我想在图书馆打工。Wǒ xiǎng zài túshūguǎn dǎgōng.

（私は図書館でバイトをしたいです。）

介詞 "在" ＋場所の語順で「～で」と場所を表します。

(2) 这件衣服又便宜又漂亮。Zhè jiàn yīfu yòu piányi yòu piàoliang.

（この洋服は安くてきれいです。）

"又 (yòu) ～又 (yòu) ～" は「(2つ以上の動作や状態を並列させ) ～でもあり～でもある」という表現として使います。

（3）他昨天没（有）来。Tā zuótiān méi(yǒu) lái.（昨日彼は来ませんでした。）
否定の"没（有）"は動詞の前に置きます。

（4）台湾没有九州大。Táiwān méiyǒu Jiǔzhōu dà.
（台湾は九州ほど広くありません。）
比較文"A 没有 B 〜"は「A は B ほど〜ではありません」を表します。

（5）教室里有二十把椅子。Jiàoshì li yǒu èrshí bǎ yǐzi.
（教室に椅子が20脚あります。）
量詞"把"は「（柄や取っ手のある）"椅子""傘"」などに使います。

1 (1)～(10) の中国語の問いを聞き、答えとして最も適当なものを、それぞれ①～④の中から1つ選びなさい。

(163) (1) 你什么时候回来? Nǐ shénme shíhou huílai? (あなたはいつ帰りますか)
　　①现在十一点半。Xiànzài shíyī diǎn bàn. (今は11時半です)
　　②我明天回来。Wǒ míngtiān huílai. (私は明日帰ります)
　　③我现在还没到。Wǒ xiànzài hái méi dào. (私はまだ到着していません)
　　④明天再说。Míngtiān zài shuō. (また明日のことにします)

(164) (2) 你身体怎么样? Nǐ shēntǐ zěnmeyàng? (あなたの体調はどうですか)
　　①我爸爸最近很忙。Wǒ bàba zuìjìn hěn máng.
　　　(私の父は最近とても忙しいです)
　　②我很好，你呢? Wǒ hěn hǎo, nǐ ne? (私は元気ですよ、あなたは)
　　③今天非常累。Jīntiān fēicháng lèi. (今日はとても疲れました)
　　④他身体不好。Tā shēntǐ bù hǎo. (彼は体調が悪いです)

(165) (3) 你为什么没来上课? Nǐ wèishénme méi lái shàngkè?
　　(あなたはなぜ授業に出ていないのですか)
　　①我感冒了。Wǒ gǎnmào le. (私は風邪をひきました)
　　②现在他不在。Xiànzài tā bú zài. (今彼は席を外しています)
　　③他去旅游了。Tā qù lǚyóu le. (彼は旅行に行っています)
　　④我明天去上课。Wǒ míngtiān qù shàngkè. (私は明日授業に行きます)

(166) (4) 这星期六一起去动物园，怎么样?
　　Zhè xīngqīliù yìqǐ qù dòngwùyuán, zěnmeyàng?
　　(今週の土曜日は一緒に動物園へ行きませんか)
　　①我喜欢动物。Wǒ xǐhuan dòngwù. (私は動物が好きです)
　　②动物园在哪儿? Dòngwùyuán zài nǎr? (動物園はどこにありますか)
　　③动物园离这儿很近。Dòngwùyuán lí zhèr hěn jìn.
　　　(動物園はここから近いです)
　　④好啊，那周六见! Hǎo a, nà zhōuliù jiàn! (いいよ、じゃまた土曜日に)

(167) (5) 你们下周去北海道吗? Nǐmen xiàzhōu qù Běihǎidào ma?
　　(あなたたちは来週北海道へ行きますか)
　　①我们不想来北海道。Wǒmen bù xiǎng lái Běihǎidào.
　　　(私たちは北海道へ来たくありません)
　　②我们去过北海道。Wǒmen qùguo Běihǎidào.
　　　(私たちは北海道へ行ったことがあります)
　　③是的，我们下周去北海道。Shì de, wǒmen xiàzhōu qù Běihǎidào.
　　　(はい、私たちは来週北海道へ行きます)
　　④我们上周去了。Wǒmen shàngzhōu qù le. (私たちは先週行きました)

(6) 你妈妈的生日是几月几号? Nǐ māma de shēngri shì jǐ yuè jǐ hào?
（お母さんの誕生日は何月何日ですか）
①今天是2月10号。Jīntiān shì èryuè shí hào.（今日は2月10日です）
②她今年48岁了。Tā jīnnián sìshíbā suì le.（彼女は今年48歳になった）
③我妈妈生日是上个月。Wǒ māma shēngri shì shàng ge yuè.
（母の誕生日は先月でした）
④9月24号。Jiǔyuè èrshisì hào.（9月24日）

(7) 这是谁的手机? Zhè shì shéi de shǒujī?（これは誰の携帯ですか）
①这是我哥哥的。Zhè shì wǒ gēge de.（これは兄のものです）
②这个有点儿贵。Zhège yǒudiǎnr guì.（これはちょっと高いです）
③这是昨天买的。Zhè shì zuótiān mǎi de.（これは昨日買ったものです）
④这是他想买的。Zhè shì tā xiǎng mǎi de.
（これは彼が買いたいものです）

(8) 你喜欢狗还是猫? Nǐ xǐhuan gǒu háishi māo?
（あなたは犬と猫どちらの方が好きですか）
①我想买狗。Wǒ xiǎng mǎi gǒu.（私は犬を買いたいです）
②我养过猫。Wǒ yǎngguo māo.（私は猫を飼ったことがあります）
③我妈妈喜欢猫。Wǒ māma xǐhuan māo.（母は猫が好きです）
④我喜欢狗。Wǒ xǐhuan gǒu.（私は犬が好きです）

(9) 这个苹果多少钱一斤? Zhège píngguǒ duōshao qián yì jīn?
（このリンゴは500gいくらですか）
①昨天买的。Zuótiān mǎi de.（昨日買いました）
②我喜欢苹果。Wǒ xǐhuan píngguǒ.（私はリンゴが好きです）
③十块一斤。Shí kuài yì jīn.（500gで10元）
④多少钱? Duōshao qián?（いくらですか）

(10) 你妈妈做什么工作? Nǐ māma zuò shénme gōngzuò?
（お母さんはなんの仕事をしていますか）
①我妈妈正在吃饭呢。Wǒ māma zhèngzài chī fàn ne.
（母はご飯を食べています）
②我妈妈是护士。Wǒ māma shì hùshi.（母は看護師です）
③他的妈妈是律师。Tā de māma shì lǜshī.（彼の母親は弁護士です）
④我妈妈每天去超市买菜。Wǒ māma měitiān qù chāoshì mǎi cài.
（母は毎日買い物にスーパーへ行きます）

2 中国語を聞き、(1)～(10) の問いの答えとして最も適当なものを、それぞれ①～④の中から1つ選びなさい。

長文聴解 (1) ～ (5)

服务员：您想买什么?
山田　　：我想买水果。
服务员：我们店桃子、香蕉、梨(子)，都有。
山田　　：有橘子吗?
服务员：有，有。你看，非常新鲜的。
山田　　：多少钱一斤?
服务员：这边的十五块，那边的十八块。
山田　　：有点儿贵，便宜点儿吧?
服务员：那这边的十三，那边的十六好不好?
山田　　：好，那那边的我要两斤。
服务员：那找您三块。
山田　　：好的。
服务员：谢谢。

Fúwùyuán : Nín xiǎng mǎi shénme?
Shāntián　 : Wǒ xiǎng mǎi shuǐguǒ.
Fúwùyuán : Wǒmen diàn táozi、xiāngjiāo、lí(zi), dōu yǒu.
Shāntián　 : Yǒu júzi ma?
Fúwùyuán : Yǒu, yǒu. Nǐ kàn, fēicháng xīnxiān de.
Shāntián　 : Duōshao qián yì jīn?
Fúwùyuán : Zhèbiān de shíwǔ kuài, nàbiān de shíbā kuài.
Shāntián　 : Yǒudiǎnr guì, piànyi diǎnr ba?
Fúwùyuán : Nà zhèbiān de shísān, nàbiān de shíliù hǎo bu hǎo?
Shāntián　 : Hǎo, nà nàbiān de wǒ yào liǎng jīn.
Fúwùyuán : Nà zhǎo nín sān kuài.
Shāntián　 : Hǎo de.
Fúwùyuán : Xièxie.

日本語訳

店員：何をお探しですか?
山田：果物を買いたいです。
店員：うちの店には桃、バナナ、ナシ、なんでもあります。
山田：オレンジありますか?
店員：あります、あります。ほら、とても新鮮です。
山田：1斤いくらですか?
店員：こちらは15元、あちらは18元です。
山田：ちょっと高いですね。ちょっと安くしてくれませんか。

店員：じゃこちらのは13元で、あちら側のは16元でいかがですか。
山田：分かりました、ではあちらのを1キロください。
店員：では3元おつりです。
山田：オーケー。
店員：ありがとうございました。

（1）他想买什么水果？ Tā xiǎng mǎi shénme shuǐguǒ?
　　（彼はどんな果物を買いたいですか）
　　　①桃子。Táozi.（もも）
　　　②橘子。Júzi.（みかん）
　　　③香蕉。Xiāngjiāo.（バナナ）
　　　④梨子。Lízi.（なし）

（2）打折前，这边的橘子多少钱一斤？
　　　Dǎzhé qián, zhèbiān de júzi duōshao qián yì jīn?
　　（値引きする前に、こちらのオレンジはいくらですか）
　　　①十五块。Shíwǔ kuài.（15元）
　　　②四十块。Sìshí kuài.（40元）
　　　③二十五块。Èrshíwǔ kuài.（25元）
　　　④二十块。Èrshí kuài.（20元）

（3）打折后，那边的橘子多少钱一斤？
　　　Dǎzhé hòu, nàbiān de júzi duōshao qián yì jīn?
　　（値引きしたあと、あちら側のオレンジはいくらですか）
　　　①四十三块。Sìshísān kuài.（43元）
　　　②二十三块。Èrshísān kuài.（23元）
　　　③十六块。Shíliù kuài.（16元）
　　　④二十块。Èrshí kuài.（20元）

（4）他买了几斤？ Tā mǎile jǐ jīn?（何斤買いましたか）
　　　①三斤。Sān jīn.（3斤）
　　　②两斤。Liǎng jīn.（2斤）
　　　③五斤。Wǔ jīn.（5斤）
　　　④四斤。Sì jīn.（4斤）

（5）他花了多少钱？ Tā huāle duōshao qián?（彼はいくら払いましたか）
　　　①十五块。Shíwǔ kuài.（15元）
　　　②三十二块。Sānshi'èr kuài.（32元）
　　　③三十块。Sānshí kuài.（30元）
　　　④二十六块。Èrshiliù kuài.（26元）

　我是韩国人，叫金智恩，是本科一年级的学生。我从高中开始学日语，已经学了三年多了。我打算明年去日本留学，所以我更努力地学习日语。去年我和朋友去了东京、大阪和京都。我很喜欢日本的景色和文化，特别喜欢东京，因为东京生活非常方便，公共设施也很齐全，东京人也很友好。以后也想在东京学习和生活，最重要的是，考上东京大学经济系是我一直以来的梦想。我要加油！

　Wǒ shì Hánguórén, jiào Jīn Zhì'ēn, shì běnkē yī niánjí de xuésheng. Wǒ cóng gāozhōng kāishǐ xué Rìyǔ, yǐjīng xuéle sān nián duō le. Wǒ dǎsuan míngnián qù Rìběn liúxué, suǒyǐ wǒ gèng nǔlì de xuéxí Rìyǔ. Qùnián wǒ hé péngyou qùle Dōngjīng, Dàbǎn hé Jīngdū. Wǒ hěn xǐhuan Rìběn de jǐngsè hé wénhuà, tèbié xǐhuan Dōngjīng, yīnwèi Dōngjīng shēnghuó fēicháng fāngbiàn, gōnggòng shèshī yě hěn qíquán, Dōngjīngrén yě hěn yǒuhǎo. Yǐhòu yě xiǎng zài Dōngjīng xuéxí hé shēnghuó, zuì zhòngyào de shì, kǎoshàng Dōngjīng Dàxué Jīngjìxì shì wǒ yìzhí yǐlái de mèngxiǎng. Wǒ yào jiāyóu!

日本語訳

　私は韓国人で、金智恩と言います。大学1年生です。私は高校から日本語を勉強し始め、もう3年余り経ちました。来年留学で日本へ行く予定なので、さらに一生懸命日本語を勉強しています。去年、友達と一緒に東京、大阪と京都へ行きました。日本の景色と文化が大好きで、特に東京が大好きです。東京は生活がすごく便利で、公共施設もとてもそろっており、東京の人が親切だということです。将来も東京で勉強と生活をしたいです。一番大事なのは東京大学の経済学部に受かることは私の昔からの夢です。頑張ります！

(6) 我现在几年级？ Wǒ xiànzài jǐ niánjí?
　（私は今何年生ですか）
　①高中1年级。Gāozhōng yī niánjí.（高校1年生）
　②大学2年级。Dàxué èr niánjí.（大学2年生）
　③高中3年级。Gāozhōng sān niánjí.（高校3年生）
　④大学1年级。Dàxué yī niánjí.（大学1年生）

(7) 我想去日本的什么地方留学？ Wǒ xiǎng qù Rìběn de shénme dìfang liúxué?
　（私はどの場所に留学したいですか）
　①东京。Dōngjīng.（東京）
　②京都。Jīngdū.（京都）
　③福冈。Fúgāng.（福岡）
　④大阪。Dàbǎn.（大阪）

（8）我想考什么专业？ Wǒ xiǎng kǎo shénme zhuānyè?
（私はどんな専攻に進学したいですか。）
①法律。Fǎlù.（法律）
②经济。Jīngjì.（経済）
③音乐。Yīnyuè.（音楽）
④日语。Rìyǔ.（日本語）

（9）我为什么想去东京？ Wǒ wèishenme xiǎng qù Dōngjīng?
（なぜ私は東京へ行きたいのですか）
①公共设施齐全。Gōnggòng shèshī qíquán.（公共施設が完備している）
②东京人很友好。Dōngjīngrén hěn yǒuhǎo.（東京の人は親切だ）
③生活非常方便。Shēnghuó fēicháng fāngbiàn.（生活がとても便利だ）
④想考东京大学。Xiǎng kǎo Dōngjīng Dàxué.（東京大学を受験したい）

（10）去年我和谁一起去了日本？ Qùnián wǒ hé shéi yìqǐ qùle Rìběn?
（去年私は誰と一緒に日本へ行ったのですか）
①妈妈。Māma.（母）
②老师。Lǎoshī.（先生）
③朋友。Péngyou.（友達）
④恋人。Liànrén.（恋人）

1 1.

(1) 1　晩饭　(wǎnfàn)：晩ご飯
　　　喜欢　(xǐhuan)：好きである
　　　打算　(dǎsuan)：～するつもりである
　　　早上　(zǎoshang)：朝

(2) 3　害怕　(hàipà)：怖がる、心配する
　　　内容　(nèiróng)：内容
　　　问题　(wèntí)：問題
　　　价格　(jiàgé)：価格

(3) 2　护照　(hùzhào)：パスポート
　　　去年　(qùnián)：去年
　　　特别　(tèbié)　特に、特別である
　　　热情　(rèqíng)：情熱、親切である

(4) 4　好看　(hǎokàn)：きれいである
　　　美国　(Měiguó)：アメリカ
　　　本来　(běnlái)　本来、もともと
　　　可能　(kěnéng)：可能である、可能性

(5) 4　机会　(jīhuì)：機会、チャンス
　　　沙发　(shāfā)：ソファー
　　　参加　(cānjiā)：参加（する）
　　　西瓜　(xīguā)：スイカ

2.

(6) 3　Chángchéng 长城：万里の長城

(7) 2　xīnkǔ 辛苦：苦労する、苦労をかける

(8) 4　qūbié 区别：区別（する）

(9) 1　nóngcūn 农村：農村

(10) 2　qíngkuàng 情况：情況、事情

2

(1) 2 张 我买了一张电影票。Wǒ mǎile yì zhāng diànyǐng piào.
（私は映画のチケットを1枚買いました。）
"動詞＋了＋数量詞＋目的語"の形で、動態助詞"了"を動詞に付けることで動詞の終了を表します。

(2) 1 怎么 你的名字怎么写? Nǐ de míngzi zěnme xiě?
（あなたの名前はどう書きますか。）
"怎么（zěnme）"は「どのように」を意味します。

(3) 3 的 他是打的来的。Tā shì dǎ dí lái de.（彼はタクシーで来たのです。）
"是〜的"は、すでに行われた動作について「どのように行われたか」を表しています。"打的（dǎ dí）"は「タクシーに乗る」の意味です。

(4) 4 得 他的话你听得懂吗? Tā de huà nǐ tīng de dǒng ma?
（あなたは彼の話を聞いてわかりますか。）
「動詞＋可能補語」の"听得懂（tīng de dǒng）"は「聞いて理解できる」を意味します。

(5) 2 又 他上午来了，下午又来了。Tā shàngwǔ lái le, xiàwǔ yòu lái le.
（彼は午前中に来たけれども、午後にもまた来ました。）
"又（yòu）"は、「また」の意味で、同類の動作或はある情況が繰り返し発生した場合に使われます。

(6) 1 把 能不能把空调开一下? Néng bu néng bǎ kōngtiáo kāi yíxià?
（エアコンをつけてもらえますか。）
"把＋目的語＋動詞＋プラスα"の形で使われます。また助動詞"能"は"把"の前に置かれます。

(7) 1 出来 大家都从教室跑出来了。Dàjiā dōu cóng jiàoshì pǎochulai le.
（みんなは教室から走り出てきました。）
介詞"从"は、「〜から」を意味で、「動詞＋方向補語」の形の"跑出来（pǎochulai）"は、「走って出てくる」を意味します。

(8) 4 呢 我们正在上课呢。Wǒmen zhèngzài shàngkè ne.
（私たちは授業をうけています。）
"正在〜呢"は「ちょうど〜しているところです」と動作の進行を表します。

(9) 1 件 这件连衣裙真好看。Zhè jiàn liányīqún zhēn hǎokàn.
（このスカートは本当にきれいです。）
この他に量詞"条（tiáo）"が使われます。"连衣裙（liányīqún）"は「ワンピース」を意味します。

(10) 3　往　　一直往前走，三分钟就到。
　　　　　　　Yìzhí wǎng qián zǒu, sān fēnzhōng jiù dào.
　　　　　　　（まっすぐ行って3分で着きます。）
　　　　　　　介詞 "往" は動作の方向を表し、"往前" は「前へ」を意味します。

3 1.

(1) 4　我请你吃饭。Wǒ qǐng nǐ chī fàn.
　　　　動詞 "请（qǐng）" の目的語 "你" は、"吃（chī）" の主語を兼ねています。

(2) 3　我们都去过台湾。Wǒmen dōu qùguo Táiwān.
　　　　"过（guo）" は経験を表し、動詞の後ろに付けます。

(3) 1　他个子比我高吗? Tā gèzi bǐ wǒ gāo ma?
　　　　比較文 "A 比 B ＋形容詞＋吗？" は、「A は B より〜ですか？」を表します。

(4) 2　你来中国多长时间了? Nǐ lái Zhōngguó duōcháng shíjiān le?
　　　　"多长时间" で「どのくらいの長さの時間」を意味します。

(5) 2　她写字写得很好。Tā xiě zì xiě de hěn hǎo.
　　　　動詞が目的語を伴うときは、"V＋O＋V＋得" の形で動詞を繰り返します。

2.

(6) 4　飞机　她明天坐飞机去上海。Tā míngtiān zuò fēijī qù Shànghǎi.
　　　　　　"坐飞机"（飛行機に乗る）と "去上海"（上海へ行く）の2つの動作は行われる順番にします。

(7) 1　在哪儿　他们平时在哪儿买东西? Tāmen píngshí zài nǎr mǎi dōngxi?
　　　　　　"在哪儿＋买东西" の語順で「どこで物を買う」の意味になります。

(8) 2　给　　我哥哥送给我一本书。Wǒ gēge sònggěi wǒ yì běn shū.
　　　　　　"送给＋人＋物" の語順になります。"送给（sònggěi）" は、「〜に送る」を意味します。

(9) 4　不　　我爸爸今天不在家。Wǒ bàba jīntiān bú zài jiā.
　　　　　　動詞 "不在" で「（家に）いない、不在である」を意味します。

(10) 3　等　　我同学在外面等我呢。Wǒ tóngxué zài wàimian děng wǒ ne.
　　　　　　介詞 "在" ＋場所の語順で「〜で」と場所を表します。

4

我们公司附近有一家小吃店，那里的早饭（ 1 ）便宜（ 1 ）好吃。我每天上班之前都在这里买好早饭带到公司去吃。有一天，新来的日本同事田中问我："你每天都带早饭来上班，这是你自己做（ 2 ）吗？"我笑了笑说："不是，中国人不喜欢自己做早饭，这是在店里买（ 2 ）。"田中说："是吗？日本人一般都在家里吃早饭，很少出去吃。"我说："中国的早饭（ 3 ）日本便宜，也很方便。这家店（ 4 ）在公司的对面，下次我带你去（ 5 ）？"田中说："太好了，以后我也要经常出去吃早饭。"

Wǒmen gōngsī fùjìn yǒu yì jiā xiǎochīdiàn, nàli de zǎofàn（ 1 ）piányi（ 1 ）hǎochī. Wǒ měitiān shàngbān zhīqián dōu zài zhèli mǎihǎo zǎofàn dàidào gōngsī qù chī. Yǒu yìtiān, xīn lái de Rìběn tóngshì Tiánzhōng wèn wǒ: "Nǐ měitiān dōu dài zǎofàn lái shàngbān, zhè shì nǐ zìjǐ zuò（ 2 ）ma?" Wǒ xiàole xiào shuō : "Bú shì, Zhōngguórén bù xǐhuan zìjǐ zuò zǎofàn, zhè shì zài diàn li mǎi（ 2 ）." Tiánzhōng shuō : "Shì ma? Rìběnrén yìbān dōu zài jiā li chī zǎofàn, hěn shǎo chūqu chī." Wǒ shuō : "Zhōngguó de zǎofàn（ 3 ）Rìběn piányi, yě hěn fāngbiàn. Zhè jiā diàn（ 4 ）zài gōngsī de duìmiàn, xiàcì wǒ dài nǐ qù（ 5 ）?" Tiánzhōng shuō : "Tài hǎo le, yǐhòu wǒ yě yào jīngcháng chūqù chī zǎofàn."

私の会社の近くには1軒の食堂があり、そこの朝食は安くて美味しいです。私は毎日出勤前にそこで朝食を買って会社で食べています。ある日、新しい同僚の田中さんが私に聞きました。「あなたは毎日朝食を持って出勤しているけど、自分で作っているの？」私は笑って言いました。「いいえ、中国人は自分で朝ご飯を作るのは好きではないので、これは店で買ったものです」。田中さんは「そうですか。日本人は普通家で朝食を食べているので、めったに外食しないです」といい、私は「中国の朝食は日本よりやすいし、便利です」。この店はすぐ会社の向かいにあります。今度連れて行きましょうか」というと、田中さんは「それは素晴らしい。これから私も外で朝食を食べなくちゃ」といった。

(1) 空欄（1）を埋めるのに適当なものは、次のどれか。
　①越……越 yuè …… yuè　　②又……又 yòu …… yòu
　③除了……以外 chúle …… yǐwài　④因为……所以 yīnwèi …… suǒyǐ
　☞ "又（yòu）～又（yòu）～" は「（2つ以上の動作や状態を並列させ）～でもあり～でもある」という表現として使います。ここでは、「あそこの朝食は安くておいしい」の意味になります。①は「ますます～になる」の意で、ここでは用いられません。

(2) 空欄（2）を埋めるのに適当なものは、次のどれか。
　①了……的 le …… de　　②了……了 le …… le
　③的……的 de …… de　　④的……了 de …… le
　☞ "这是你自己做的吗"「これはあなたが作ったんですか」と "这是在店里买的"「こ

れは店で買ったものです」はいずれも「(是)……的」という構文を用いて、発生済みの動作、行為について、それが行われた場所、時間、方式あるいは実行者などを強調して述べます。この構文の語順は「(是) + 強調される語句 + 動詞 + 的」となります。

(3) 空欄 (3) を埋めるのに適当なものは、次のどれか。
　　①从 cóng　　②到 dào　　③比 bǐ　　④对 duì
　　☞ 比較文 "A比B + 形容詞" で、「AはBより～です」の意を表します。①は動作の起点、②は動作の終点を表し、④は「～に対して」の意です。

(4) 空欄 (4) を埋めるのに適当なものは、次のどれか。
　　①才 cái　　②也 yě　　③就 jiù　　④都 dōu
　　☞ 副詞 "就 (jiù)" が入ります。ここでは、"这家店就在公司的对面"(この店は会社の向かいにある)と「店は会社から近い」ことを強調して述べます。

(5) 空欄 (5) を埋めるのに**適当ではない**ものは、次のどれか。
　　①吧 ba　　②怎么样 zěnmeyàng　　③好吗 hǎo ma　　④呢 ne
　　☞ ①は「～しましょう」、②は「どうですか?」、③は「よいですか」の意味ですので、④の "呢 (ne)" のみ、ここでは用いられません。

(6) 本文の内容と**一致しない**ものは、次のどれか。
　　①日本的早饭没有中国的贵。Rìběn de zǎofàn méiyǒu Zhōngguó de guì.
　　　(日本の朝食は中国のほど高くないです。)
　　②小吃店离我们公司很近。Xiǎochīdiàn lí wǒmen gōngsī hěn jìn.
　　　(食堂は私たちの会社から近いです。)
　　③日本人一般不去外面吃早饭。Rìběnrén yìbān bú qù wàimian chī zǎofàn.
　　　(日本人は普通外で朝食を食べません。)
　　④中国人不喜欢在家做早饭。Zhōngguórén bú xǐhuan zài jiā zuò zǎofàn.
　　　(中国人は家で朝食を作るのが好きではありません。)
　　☞ 第6行に "……中国的早饭比日本便宜" という箇所から、本文の内容と一致しないものは①です。

5

(1) 我们明天从哪儿 (/ 哪里) 出发? Wǒmen míngtiān cóng nǎr (/nǎli) chūfā?
　　(私たちは明日どこから出発しますか。)
　　「どこから」"从哪儿 (/ 哪里)" は、"出发"(出発する)の前に置きます。

(2) 今天的早饭很好吃。Jīntiān de zǎofàn hěn hǎochī.
　　(今日の朝食はおいしかった。)
　　副詞 "很 (hěn)" は、形容詞 "好吃" の前に置きます。

（3）我每天晚上八点回家。Wǒ měitiān wǎnshang bā diǎn huíjiā.
（私は毎晩 8 時に家に帰ります。）
時刻を表す "每天晚上八点" は、動詞の前に置きます。

（4）你喜欢买东西吗? / 你喜（欢）不喜欢买东西? Nǐ xǐhuan mǎi dōngxi ma?/
Nǐ xǐ (huan) bu xǐhuan mǎi dōngxi? (あなたは買い物をするのが好きですか。)
"喜欢（xǐhuān）" の後ろに動詞を加え、「〜することが好きです」の意味
になります。

（5）这张桌子比那张（桌子）贵。Zhè zhāng zhuōzi bǐ nà zhāng (zhuōzi) guì.
（この机はあの机より（値段が）高い。）
比較文 "A 比 B ＋形容詞" は「A は B より〜です」を表します。量詞 "张
（zhāng）" は、「机：桌子（zhuōzi）、ベッド：床（chuáng）、紙：纸（zhǐ）、
絵：画（huà）」などに使われます。

1 (1)〜(10)の中国語の問いを聞き、答えとして最も適当なものを、それぞれ①〜④の中から1つ選びなさい。

(175) (1) 你比他小几岁? Nǐ bǐ tā xiǎo jǐ suì? (彼より何歳年下ですか)
　　①我十八岁。Wǒ shíbā suì. (私は18歳です)
　　②我比他小四岁。Wǒ bǐ tā xiǎo sì suì. (私は彼より4歳年下です)
　　③他是我哥哥。Tā shì wǒ gēge. (彼は私の兄です)
　　④他的生日是一月十三号。Tā de shēngri shì yīyuè shísān hào.
　　　(彼の誕生日1月13日です)

(176) (2) 你打算什么时候去俄罗斯? Nǐ dǎsuan shénme shíhou qù Éluósī?
　　(いつロシアへ行くつもりですか)
　　①我喜欢俄罗斯。Wǒ xǐhuan Éluósī. (私はロシアが好きです)
　　②我去过俄罗斯。Wǒ qùguo Éluósī.
　　　(私はロシアへ行ったことがあります)
　　③你去过俄罗斯吗? Nǐ qùguo Éluósī ma?
　　　(あなたはロシアへ行ったことがありますか)
　　④我打算下个月去俄罗斯。Wǒ dǎsuan xià ge yuè qù Éluósī.
　　　(私は来月ロシアへ行くつもりです)

(177) (3) 你会不会说英语? Nǐ huì bu huì shuō Yīngyǔ? (英語が話せますか)
　　①我留过学。Wǒ liúguo xué. (私は留学したことがあります)
　　②我会读英文报纸。Wǒ huì dú Yīngwén bàozhǐ.
　　　(私は英語の新聞が読めます)
　　③我会说英语。Wǒ huì shuō Yīngyǔ. (私は英語が話せます)
　　④我没学过汉语。Wǒ méi xuéguo Hànyǔ.
　　　(私は中国語を習ったことがありません)

(178) (4) 你喜欢什么电影? Nǐ xǐhuan shénme diànyǐng?
　　(あなたはどんな映画が好きですか)
　　①我喜欢看电视剧。Wǒ xǐhuan kàn diànshìjù.
　　　(私はテレビドラマが好きです)
　　②我下午去看电影。Wǒ xiàwǔ qù kàn diànyǐng.
　　　(私は午後映画を見に行きます)
　　③我看过这部电影。Wǒ kànguo zhè bù diànyǐng.
　　　(私はこの映画を見たことがあります)
　　④我喜欢看中国电影。Wǒ xǐhuan kàn Zhōngguó diànyǐng.
　　　(私は中国の映画が好きです)

(179) (5) 你的生日是几月几号? Nǐ de shēngri shì jǐ yuè jǐ hào?
（あなたの誕生日は何月何日ですか）
①我今年21岁了。Wǒ jīnnián èrshiyī suì le.
（私は今年21歳になりました）
② 6 月27号。Liùyuè èrshiqī hào.（6月27日）
③她的生日是 5 月 3 号。Tā de shēngri shì wǔyuè sān hào.
（彼女の誕生日は 5 月 3 日です）
④今天是 5 月 6 号。Jīntiān shì wǔyuè liù hào.（今日は 5 月 6 日です）

(180) (6) 这台电脑多少钱? Zhè tái diànnǎo duōshao qián?
（このコンピュータはいくらですか）
①三千二百块。Sānqiān èrbǎi kuài.（3200元）
②昨天我买了一台电脑。Zuótiān wǒ mǎile yì tái diǎnnǎo.
（昨日私はコンピュータを 1 台買いました）
③我打字打得挺快。Wǒ dǎzì dǎ de tǐng kuài.
（私はタイプを打つのが速いです）
④这台电脑有一点儿贵。Zhè tái diànnǎo yǒuyìdiǎnr guì.
（このパソコンはちょっと高いです）

(181) (7) 你去过中国吗? Nǐ qùguo Zhōngguó ma?
（中国へ行ったことがありますか）
①我没去过美国。Wǒ méi qùguo Měiguó.
（私はアメリカへ行ったことがありません）
②我学过汉语。Wǒ xuéguo Hànyǔ.
（私は中国語を習ったことがあります）
③我去过中国。Wǒ qùguo Zhōngguó.
（私は中国へ行ったことがあります）
④我喜欢中国。Wǒ xǐhuan Zhōngguó.（私は中国が好きです）

(182) (8) 可不可以开空调? Kě bu kěyǐ kāi kōngtiáo?
（エアコンをつけてもいいですか）
①去年买的空调。Qùnián mǎi de kōngtiáo.（去年買ったエアコンです）
②当然可以啊。Dāngrán kěyǐ a.（もちろんいいですよ）
③马上来了。Mǎshàng lái le.（すぐ行きます）
④今天很冷。Jīntiān hěn lěng.（今日は寒いです）

(183) (9) 你是哪里人? Nǐ shì nǎli rén?（あなたはどこの人ですか）
①我在大阪工作。Wǒ zài Dàbǎn gōngzuò.（私は大阪で働いています）
②我住在大连。Wǒ zhù zài Dàlián.（私は大連に住んでいます）
③我喜欢东北菜。Wǒ xǐhuan Dōngběicài.（私は東北料理が好きです）
④我是大连人。Wǒ shì Dàliánrén.（私は大連の人です）

(184) （10）我们去哪儿买东西？ Wǒmen qù nǎr mǎi dōngxi?
（私たちはどこへ買い物に行きますか）
　①我们昨天去超市了。Wǒmen zuótiān qù chāoshì le.
　（私たちは昨日スーパーへ行きました）
　②我们喜欢逛街。Wǒmen xǐhuan guàng jiē.
　（私たちは街をぶらつくのが好きです）
　③我们买了好多菜。Wǒmen mǎile hǎoduō cài.
　（私たちはたくさんの野菜（又はおかず）を買いました）
　④我们去超市买吧。Wǒmen qù chāoshì mǎi ba.
　（私たちはスーパーへ買いに行きましょうか）

2 中国語を聞き、（1）～（10）の問いの答えとして最も適当なものを、それぞれ①～④の中から1つ選びなさい。

(185)

長文聴解（1）～（5）

部长：小林，都8点半了，你又迟到了？
小林：对不起。
部长：怎么又迟到了？还迟到了半个小时。总这样可不行啊！早上起不来吗？
小林：不是……。
部长：那为什么？
小林：早上堵车堵得太厉害。我7点半从家出来的，平时不到半个小时的路，今天早上花了一个多小时。
部长：你是坐公交车来的吗？
小林：不是，我自己开车来的。
部长：为什么不坐地铁呢？
小林：我家步行到地铁站要20分钟。
部长：你可以租个离地铁站近点的房子。
小林：可是现在住的是我刚买的新房子，没办法。
部长：那也不是迟到的理由啊！总这样是工作态度问题啊！
小林：对不起，我以后再早点儿从家出发，保证不会再迟到了。
部长：不许再有下次了！
小林：是！

Bùzhǎng : Xiǎo Lín, dōu bā diǎn bàn le, nǐ yòu chídào le?
Xiǎo lín : Duìbuqǐ.
Bùzhǎng : Zěnme yòu chídào le? Hái chídàole bàn ge xiǎoshí. Zǒng zhèyàng kě bùxíng a! Zǎoshang qǐbùlái ma?
Xiǎo lín : Bú shì.
Bùzhǎng : Nà wèishénme?
Xiǎo lín : Zǎoshang dǔchē dǔ de tài lìhai. Wǒ qīdiǎn sānshí cóng jiā chūlai de,

137

píngshí bú dào bàn ge xiǎoshí de lù, jīntiān zǎoshang huāle yí ge duō xiǎoshí.

Bùzhǎng : Nǐ shì zuò gōngjiāochē lái de ma?

Xiǎo lín : Bú shì, wǒ zìjǐ kāichē lái de.

Bùzhǎng : Wèishénme bú zuò dìtiě ne?

Xiǎo lín : Wǒ jiā bùxíng dào dìtiězhàn yào èrshí fēnzhōng.

Bùzhǎng : Nǐ kěyǐ zū ge lí dìtiězhàn jìn diǎn de fángzi.

Xiǎo lín : Kěshì xiànzài zhù de shì wǒ gāng mǎi de xīn fángzi, méi bànfa.

Bùzhǎng : Nà yě bú shì chídào de lǐyóu a! Zǒng zhèyàng shì gōngzuò tàidù wèntí a!

Xiǎo lín : Duìbuqǐ, wǒ yǐhòu zài zǎo diǎnr cóng jiā chūfā, bǎozhèng bú huì zài chídào le.

Bùzhǎng : Bùxǔ zài yǒu xiàcì le!

Xiǎo lín : Shì!

日本語訳

部長：林さん、もう8時30分だよ、また遅刻ですか？

林　：すみません。

部長：どうしてまた？いつも30分遅刻とはいけませんね。朝は起きられないのか？

林　：そうではありませんが……。

部長：じゃあ、なぜ？

林　：今朝は交通渋滞が酷くて7時半に家を出ました、普段は半時間もかかりませんが、今朝は1時間弱かかりました。

部長：バスで来たのか？

林　：いいえ、自分で運転して来たのです。

部長：なぜ地下鉄に乗らないの？

林　：家から地下鉄の駅まで歩いて20分もかかりますよ！

部長：もっと駅に近い家を借りた方がいいよ。

林　：でもそれは買ったばかりの家ですよ、しょうがないです。

部長：それも遅刻の理由にならない！いつもこんなふうにするのは、勤務態度の問題だよ！

林　：すみません、これからはもっと早く家を出て、二度と遅刻しないと誓います。

部長：二度と遅刻するなよ！

林　：はい！

（1）小林经常迟到吗? Xiǎo Lín jīngcháng chídào ma?
　　（林さんはよく遅刻しますか？）
　　　①经常迟到。Jīngcháng chídào.（よく遅刻します）
　　　②有时迟到。Yǒushí chídào.（時々遅刻します）
　　　③不怎么迟到。Bù zěnme chídào.（余り遅刻しなかったです）
　　　④从不迟到。Cóng bù chídào.（一度も遅刻していないです）

（2）部长对于小林迟到这件事是什么态度？
　Bùzhǎng duìyú Xiǎo Lín chídào zhè jiàn shì shì shénme tàidu?
　（部長は林さんが遅刻したことに対してどんな態度ですか）
　①很高兴。Hěn gāoxìng.（とてもうれしいです）
　②很悲伤。Hěn bēishāng.（とても悲しいです）
　③很生气。Hěn shēngqì.（とても怒っています）
　④很惊讶。Hěn jīngyà.（とてもビックリしました）

（3）公司上班时间是几点？ Gōngsī shàngbān shíjiān shì jǐ diǎn?
　（会社の出勤時間は何時ですか）
　①7:30。Qī diǎn sānshí.（7時半）
　②8:00。Bā diǎn.（8時）
　③8:20。Bā diǎn èrshí.（8時20分）
　④8:30。Bā diǎn sānshí.（8時半）

（4）部长认为小林为什么迟到？ Bùzhǎng rènwéi Xiǎo Lín wèishénme chídào?
　（部長はなぜ林さんが遅刻したと思っていましたか）
　①堵车。Dǔchē.（交通渋滞でした）
　②睡懒觉。Shuì lǎnjiào.（寝坊しました）
　③没有坐地铁。Méiyǒu zuò dìtiě.（地下鉄に乗っていないです）
　④工作态度有问题。Gōngzuò tàidu yǒu wèntí.（勤務態度の問題でした）

（5）小林为什么不坐地铁上班？ Xiǎo Lín wèishénme bú zuò dìtiě shàngbān?
　（林さんはなぜ地下鉄で通勤しないのですか）
　①新买的车。Xīn mǎi de chē.（新しく車を買ったのです）
　②新家离地铁站太远。Xīn jiā lí dìtiězhàn tài yuǎn.
　　（新しい家は地下鉄から離れすぎています）
　③公交车便宜。Gōngjiāochē piányi.（公共バスの方が安いです）
　④不会骑自行车。Bú huì qí zìxíngchē.（自転車に乗れません）

長文聴解（6）～（10）

　我以前住在大阪，去年中秋节我搬到东京了。我父母都住在大阪，我弟弟一直在福冈工作，在公司附近租房子。我们新年能回一次家。从东京到福冈坐新干线大概需要五个小时，所以我和弟弟很少见面。我家里还有别的兄弟姐妹。姐姐在名古屋，有两个孩子，儿童节带孩子回大阪玩儿。大阪还有一个妹妹，不过明年就要结婚去横滨了。我们觉得父母会孤单，所以妹妹买了两只猫陪着他们。

　Wǒ yǐqián zhù zài Dàbǎn, qùnián Zhōngqiūjié wǒ bāndào Dōngjīng le. Wǒ fùmǔ dōu zhù zài Dàbǎn, wǒ dìdi yìzhí zài Fúgāng gōngzuò, zài gōngsī fùjìn zū fángzi. Wǒmen xīnnián néng huí yí cì jiā. Cóng Dōngjīng dào Fúgāng zuò xīngànxiàn dàgài xūyào wǔ ge xiǎoshí, suǒyǐ wǒ hé dìdi hěn shǎo jiànmiàn. Wǒ jiā li hái yǒu bié de xiōngdì jiěmèi. Jiějie zài Mínggǔwū, yǒu liǎng ge háizi, Értóngjié dài háizi huí Dàbǎn wánr. Dàbǎn hái yǒu yí ge mèimei, búguò míngnián jiùyào jiéhūn qù Héngbīn le. Wǒmen juéde fùmǔ huì gūdān, suǒyǐ mèimei mǎile liǎng zhī māo péizhe tāmen.

日本語訳

　私は昔は大阪に住んでいました。去年の中秋節に東京に引っ越してきました。両親は大阪に住んでいます。弟は福岡で仕事をしていて、会社の近くに家を借りています。私たちは毎回お正月に年一回しか家に帰れません。東京から福岡まで新幹線で約5時間かかりますので、私と弟は滅多に会えません。家にはほかの兄弟がいます。姉は名古屋にいて、子供が2人います。子供の日に子供を連れて大阪に帰りました。大阪にはもう1人の妹がいますが、来年横浜に嫁ぐことになりました。私たちは両親が寂くなると思うので、妹が両親の相手をする2匹の猫を買ってあげました。

(6) 我有几个兄弟姐妹？ Wǒ yǒu jǐ ge xiōngdì jiěmèi?（私に兄弟が何人いますか）
　　①一个。Yí ge.（1人）
　　②两个。Liǎng ge.（2人）
　　③三个。Sān ge.（3人）
　　④四个。Sì ge.（4人）

(7) 现在谁在大阪住着？ Xiànzài shéi zài Dàbǎn zhùzhe?
　　（今は誰が大阪に住んでいますか）
　　①姐姐。Jiějie.（姉）
　　②妹妹。Mèimei.（妹）
　　③弟弟。Dìdi.（弟）
　　④我。Wǒ.（私）

(8) 我每年什么时候能见到弟弟？ Wǒ měinián shénme shíhou néng jiàndào dìdi?
　　（毎年いつ家族全員に会えますか）
　　①端午节。Duānwǔjié.（端午の節句）
　　②中秋节。Zhōngqiūjié.（中秋節）
　　③儿童节。Értóngjié.（子供の日）
　　④新年。Xīnnián.（新年）

(9) 已经结婚的是谁？ Yǐjīng jiéhūn de shì shéi?
　　（すでに結婚したのは誰ですか）
　　①我。Wǒ.（私）
　　②妹妹。Mèimei.（妹）
　　③姐姐。Jiějie.（姉）
　　④弟弟。Dìdi.（弟）

（10）为什么父母不会觉得孤单? Wèishénme fùmǔ bú huì juéde gūdān?
（なぜ両親は寂しいと感じていないですか）

①姐姐会带着孩子回来看他们。Jiějie huì dàizhe háizi huílai kàn tāmen.
（姉が会いに子供を連れて戻ってきます）

②妹妹给父母买了两只猫。Mèimei gěi fùmǔ mǎile liǎng zhī māo.
（妹が両親に2匹の猫を買いました）

③弟弟带女朋友回家。Dìdi dài nǚpéngyou huíjiā.
（弟が彼女を連れて家に帰りました）

④我会经常回家。Wǒ huì jīngcháng huíjiā.（私がよく家に帰ります）

1 1.

(1) 2　安排（ānpái）：手配する
　　　相信（xiāngxìn）：信じる、信用する
　　　中药（zhōngyào）：漢方薬
　　　希望（xīwàng）：希望（する）

(2) 1　合作（hézuò）：協力（する）、提携（する）
　　　黄河（Huáng Hé）：黄河
　　　着急（zháojí）：焦る、焦り
　　　人民（rénmín）：人民

(3) 4　便宜（piányi）：安い
　　　文化（wénhuà）：文化
　　　习惯（xíguàn）：習慣、慣れる
　　　学校（xuéxiào）：学校

(4) 3　商店（shāngdiàn）：商店
　　　考试（kǎoshì）：試験（をする）
　　　米饭（mǐfàn）：ご飯
　　　走路（zǒulù）：歩く

(5) 4　手机（shǒujī）：携帯電話
　　　结婚（jiéhūn）：結婚（する）
　　　提高（tígāo）：上げる、高める
　　　钱包（qiánbāo）：財布

2.

(6) 4　kōngtiáo 空调：エアコン、空調

(7) 2　fānyì 翻译：翻訳（する）

(8) 3　bāngmáng 帮忙：手伝う

(9) 1　gēqǔ 歌曲：歌

(10) 4　shàonián 少年：少年

2

(1) 2 多大　你母亲今年多大岁数? Nǐ mǔqīn jīnnián duōdà suìshu?
（お母さんは今年おいくつですか。）
"多大"は疑問文に用い、年齢が「どれくらいか」を聞くときに使います。

(2) 4 弹　我会弹钢琴。Wǒ huì tán gāngqín.（私はピアノが弾けます。）
助動詞"会 (huì)"は「～できる」を意味し、動詞の前に置きます。

(3) 1 什么　今天咱们要做什么? Jīntiān zánmen yào zuò shénme?
（今日私たちは何をしなければなりませんか。）
"要做什么 (yào zuò shénme)"は「何かをしなければならない」を尋ねるときに用います。

(4) 3 一起　星期六我和家人一起去热海。Xīngqīliù wǒ hé jiārén yìqǐ qù Rèhǎi.
（土曜日私と家族は一緒に熱海に行きます。）
"一起 (yìqǐ)"は「いっしょに」を意味して、動詞の前に付けます。

(5) 4 不能　今天我开车来的，不能喝酒。
Jīntiān wǒ kāichē lái de, bù néng hē jiǔ.
（今日私は車で来たので、お酒は飲めません。）
"V＋来"で動作が話し手の方向に向かって行われることを表しています。

(6) 2 下　在同学的帮助下，我的汉语水平提高了。
Zài tóngxué de bāngzhù xià, wǒ de Hànyǔ shuǐpíng tígāo le.
（クラスメートのおかげで、私の中国語は上手になりました。）
"在～下"は条件を表す「～のもと」を表します。

(7) 2 有　我有一个姐姐。Wǒ yǒu yí ge jiějie.（私に姉が1人います。）
人や機関に所有、所属する「～がある／いる」、「～を持っている」を表すとき"有"を使います。

(8) 4 离　我家离学校很近。Wǒ jiā lí xuéxiào hěn jìn.
（私の家は学校から近いです。）
介詞"离 (lí)"は、時間的あるいは空間的な距離を示し「～から」を意味します。

(9) 1 下　你到了告诉我一下吧。Nǐ dàole gàosu wǒ yíxià ba.
（あなたが到着したら、私に教えてください。）

(10) 3 随便　冰箱里有饮料，你随便喝吧。

Bīngxiāng li yǒu yǐnliào, nǐ suíbiàn hē ba.

（冷蔵庫に飲み物があります。ご自由に飲んでください。）

"随便（suíbiàn）"は「ご自由に」を意味します。

3 1.

(1) 3 下午可能会下雨。Xiàwǔ kěnéng huì xiàyǔ.

助動詞"会"は「(予測して)〜であろう)」を意味し、後ろに動詞を置きます。

(2) 3 你姐姐做菜做得怎么样? Nǐ jiějie zuò cài zuò de zěnmeyàng?

動詞が目的語を伴うときは"V＋O＋V＋得"の形で動詞を繰り返します。"怎么样（zěnmeyàng）"は状況を尋ねる疑問文です。

(3) 3 男朋友送给我一件衣服。Nánpéngyou sònggěi wǒ yí jiàn yīfu.

"送给＋人＋物"の語順になります。"送给（sònggěi）"は、「〜に送る」を意味します。

(4) 4 你吃米饭还是吃面条? Nǐ chī mǐfàn háishì chī miàntiáo?

"还是（háishì）"は「それとも」の意味で選択をする場合に使います。

(5) 1 我对中国文化感兴趣。Wǒ duì Zhōngguó wénhuà gǎn xìngqù.

"对〜感兴趣"で「〜に(対して)興味がある」を意味します。

2.

(6) 1 自行车　我骑自行车去银行。Wǒ qí zìxíngchē qù yínháng.

"骑自行车"（自転車に乗る）と"去银行"（銀行へ行く）の２つの動作は行われる順番にします。

(7) 4 说　他会说一点儿韩语。Tā huì shuō yìdiǎnr Hányǔ.

"会（huì）"は「(練習・習得の結果)〜できる」の意味になります。

(8) 3 他的　那个本子上写着他的名字。

Nàge běnzi shang xiězhe tā de míngzi.

"動詞＋着（zhe）"の形で状態の持続。「〜である」の意味になります。

(9) 2 着　桌子上放着两瓶啤酒。Zhuōzi shang fàngzhe liǎng píng píjiǔ.

量詞"瓶（píng）"は「(瓶に入った数を数える)本」を意味します。

（10）1 来　　他还没来上课呢。Tā hái méi lái shàngkè ne.
　　　　　　"还没～呢"で「まだ～していない」を表します。

4

　　我是一个日本留学生，来上海已经一年多了。上海的交通很方便，（ 1 ）机场（ 1 ）大学坐地铁只要45分钟。（ 2 ）地铁，我也经常坐公共汽车出门。在上海交通费比日本便宜（ 3 ），不太远的地方一般都只要几块钱。刚到上海的时候，我和朋友出去玩儿，路上下大雨了。我想打出租车回宿舍，（ 4 ）经过的空车都不停下来。后来我问了中国的同学（ 5 ）知道，现在大家都用手机在网上预约出租车，很少有人在路边叫车了。看来，对不会用手机打车的人来说，也有不方便的地方。

　　Wǒ shì yí ge Rìběn liúxuéshēng, lái Shànghǎi yǐjīng yì nián duō le. Shànghǎi de jiāotōng hěn fāngbiàn, (1) jīchǎng (1) dàxué zuò dìtiě zhǐyào sìshíwǔ fēnzhōng. (2) dìtiě, wǒ yě jīngcháng zuò gōnggòng qìchē chūmén. Zài Shànghǎi jiāotōngfèi bǐ Rìběn piányi (3), bú tài yuǎn de dìfang yìbān dōu zhǐyào jǐ kuài qián. Gāng dào Shànghǎi de shíhou, wǒ hé péngyou chūqu wánr, lùshang xià dàyǔ le. Wǒ xiǎng dǎ chūzūchē huí sùshè, (4) jīngguò de kōngchē dōu bù tíng xiàlai. Hòulái wǒ wènle Zhōngguó de tóngxué (5) zhīdao, xiànzài dàjiā dōu yòng shǒujī zài wǎng shàng yùyuē chūzūchē, hěn shǎo yǒu rén zài lùbiān jiào chē le. Kànlái, duì bú huì yòng shǒujī dǎ chē de rén lái shuō, yě yǒu bù fāngbiàn de dìfang.

　　私は日本人留学生です。上海に来て1年余りになりました。上海は交通機関がとても便利で空港から大学まで地下鉄でたった45分です。地下鉄以外によくバスも使って出掛けます。上海での交通費は日本よりかなり安く、長距離でなければ大体数元です。上海に来たばかりの頃、友達と出掛けた時大雨が降りました。タクシーに乗って宿舎に戻ろうと思いましたが、通り過ぎる空車はどれも止まってくれません。その後、中国の同級生に聞いて知りましたが、今は皆携帯電話を使ってインターネットでタクシーを予約し、道端でタクシーを呼ぶ人は非常に少ないそうです。なので、携帯電話でタクシーを呼べない人にとっては、不便なところもあります。

（1）空欄（1）を埋めるのに適当なものは、次のどれか。
　　①既……又 jì …… yòu　　②从……到 cóng …… dào
　　③离……到 lí …… dào　　④从……离 cóng …… lí
　　☞「AからBまで」は"从A到B"で表します。

（2）空欄（2）を埋めるのに適当なものは、次のどれか。
　　①除了 chúle　　②不但 búdàn　　③还有 háiyǒu　　④另外 lìngwài
　　☞「～のほか」は"除了（chúle）"で表します。

(3) 空欄（3）を埋めるのに適当なものは、次のどれか。
　　①得多 de duō　　②非常 fēicháng　　③有点儿 yǒudiǎnr　　④得很 de hěn
　　☞ 比較文 "A比B＋形容詞＋得多／多了" は、「AはBよりずっと〜」を表します。

(4) 空欄（4）を埋めるのに**適当ではない**ものは、次のどれか。
　　①就是 jiùshì　　②不过 búguò　　③但是 dànshì　　④可是 kěshì
　　☞ ②、③、④はともに逆接関係を表す接続詞で、①は意思の強調や強く肯定、また
　　は範囲を限定するのに用いて、ここでは使えません。

(5) 空欄（5）を埋めるのに適当なものは、次のどれか。
　　①就 jiù　　②才 cái　　③又 yòu　　④再 zài
　　☞ "才 cái" は「やっと」、「初めて」など、"就 jiù" は「すぐに」、「もう」などの意
　　を表す副詞で、ここでは文脈によって、②が正解となります。

(6) 本文の内容と一致するものは、次のどれか。
　　①上海的交通不太方便。Shànghǎi de jiāotōng bú tài fāngbiàn.
　　（上海の交通はあまり便利ではないです。）
　　②上海的出租车比日本的贵。Shànghǎi de chūzūchē bǐ Rìběn de guì.
　　（上海のタクシーは日本のより高いです）
　　③我原来不知道要用手机打车。Wǒ yuánlái bù zhīdào yào yòng shǒujī dǎ chē.
　　（携帯でタクシーを呼ぶのは以前には知らなかったです。）
　　④我来上海已经好多年了。Wǒ lái Shànghǎi yǐjīng hǎo duō nián le.
　　（私は上海に来てもう何年も経ちました。）
　　☞ 文章の最後に "后来我问了中国的同学才知道"「その後中国人のクラスメートに
　　聞いてやっとわかった」があるので、一致しているのは③となります。"原来
　　yuánlái" は「もとは」、「以前には」の意です。

5

(1) 我的电脑在书包里。Wǒ de diànnǎo zài shūbāo li.
　　（私のパソコンはかばんの中にあります。）
　　特定の人や物がある場所に存在することを表すときは "在" を使います。

(2) 今天（的）午饭我跟（／和）朋友一起吃。
　　Jīntiān (de) wǔfàn wǒ gēn(/hé) péngyou yìqǐ chī.
　　（今日の昼食は私は友人と一緒に食べます。）
　　"A跟B一起〜" で「AとB一緒に〜」の意味を表します。

(3) 这（儿）附近有银行吗? Zhè (ér) fùjìn yǒu yínháng ma?
　　（この近くに銀行はありますか。）
　　"有〜吗?" で「〜ありますか？」の意味を表します。

(4) 昨天的电影有意思吗? Zuótiān de diànyǐng yǒu yìsi ma?
(昨日の映画は面白かったですか。)
"有意思"は「面白い」の意味になります。なお、日文中訳では「面白
かった」のように過去の表現の場合でも"了（le）"は用いられません。

(5) 爸爸明天能来。Bàba míngtiān néng lái.
(お父さんは明日来ることができます。)
助動詞"能（néng）"は、「〜することができる、〜の可能性がある」を
意味します。

1 (1)〜(10) の中国語の問いを聞き、答えとして最も適当なものを、それぞれ①〜④の中から1つ選びなさい。

(187) (1) 他今年多大? Tā jīnnián duō dà? (彼は今何歳ですか)
　　①我们是同岁。Wǒmen shì tóngsuì. (私たちは同じ年です)
　　②我今年二十一岁。Wǒ jīnnián èrshiyī suì. (私は今年21歳です)
　　③去年他大学毕业了。Qùnián tā dàxué bìyè le.
　　　(去年彼は大学を卒業しました)
　　④他今年二十四岁。Tā jīnnián èrshisì suì. (彼は今年24歳です)

(188) (2) 他每天晚上几点睡觉? Tā měitiān wǎnshàng jǐ diǎn shuìjiào?
　　(彼は毎晩何時に寝ますか)
　　①他八点半起床。Tā bā diǎn bàn qǐchuáng. (彼は8時半に起きます)
　　②他每天晚上十点睡觉。Tā měitiān wǎnshang shí diǎn shuìjiào.
　　　(彼は毎晩10時に寝ます)
　　③我每晚在酒店睡觉。Wǒ měiwǎn zài jiǔdiàn shuìjiào.
　　　(私は毎晩ホテルで寝ています)
　　④早点睡觉。Zǎodiǎn shuìjiào. (早く寝なさい)

(189) (3) 小王会不会说韩语? Xiǎo Wáng huì bu huì shuō Hányǔ?
　　(王さんは韓国語が話せますか)
　　①小王会说韩语。Xiǎo Wáng huì shuō Hányǔ.
　　　(王さんは韓国語が話せます)
　　②小王不会说汉语。Xiǎo Wáng bú huì shuō Hànyǔ.
　　　(王さんは中国語が話せません)
　　③小王喜欢韩国。Xiǎo Wáng xǐhuan Hánguó. (王さんは韓国が好きです)
　　④小王会说英语。Xiǎo Wáng huì shuō Yīngyǔ. (王さんは英語が話せます)

(190) (4) 你喜欢看报吗? Nǐ xǐhuan kànbào ma? (新聞を読むのが好きですか)
　　①我每天看报。Wǒ měitiān kànbào. (私は毎日新聞を読みます)
　　②我没看过报纸。Wǒ méi kànguo bàozhǐ.
　　　(私は新聞を見たことがないです)
　　③我每天早上买报纸。Wǒ měi tiān zǎoshang mǎi bàozhǐ.
　　　(私は毎朝新聞を買います)
　　④我很喜欢看报。Wǒ hěn xǐhuan kànbào.
　　　(私は新聞を読むのが好きです)

(191) (5) 你们什么时候去老师家? Nǐmen shénme shíhou qù lǎoshī jiā?
　　(あなた方はいつ先生の家に行くのですか)
　　①他们明天去老师家。Tāmen míngtiān qù lǎoshī jiā.
　　　(彼らは明日先生の家に行きます)

②我们上周去他家了。Wǒmen shàngzhōu qù tā jiā le.
（私たちは先週彼の家に行きました）
③我们这周末去老师家。Wǒmen zhè zhōumò qù lǎoshī jiā.
（私たちは今週末先生の家に行きます）
④我们去过老师家。Wǒmen qùguo lǎoshī jiā.
（私たちは先生の家に行ったことがあります）

〔192〕(6) 我挺喜欢踢足球，你呢？ Wǒ tǐng xǐhuan tī zúqiú, nǐ ne?
（私はサッカーをやるのが結構好きですが、あなたは）
①我不太喜欢踢足球。Wǒ bú tài xǐhuan tī zúqiú.
（私はサッカーをやるのが余り好きではありません）
②我周末去公园。Wǒ zhōumò qù gōngyuán.
（私は週末に公園へ行きます）
③他踢得挺好。Tā tī de tǐng hǎo.（彼は蹴るのがうまいです）
④我也喜欢打篮球。Wǒ yě xǐhuan dǎ lánqiú.
（私もバスケットボールをするのが好きです）

〔193〕(7) 你爸爸正在做什么？ Nǐ bàba zhèngzài zuò shénme?
（お父さんは何をしていますか）
①我爸爸八点上班。Wǒ bàba bā diǎn shàngbān.
（父は 8 時に出勤です）
②我爸爸正在洗澡呢。Wǒ bàba zhèngzài xǐzǎo ne.
（父はお風呂に入っています）
③我在看电视。Wǒ zài kàn diànshì.（私はテレビを見ています）
④我哥哥刚刚回家了。Wǒ gēge gānggāng huíjiā le.
（兄はたった今家に帰ってきました）

〔194〕(8) 那个穿旗袍的人是谁？ Nà ge chuān qípáo de rén shì shéi?
（あのチャイナドレスを着ているのは誰ですか）
①那个人是小王。Nà ge rén shì Xiǎo Wáng.（あの人は王さんです）
②去年买的旗袍。Qùnián mǎi de qípáo.
（去年買ったチャイナドレスです）
③那条裤子是我的。Nà tiáo kùzi shì wǒ de.（そのズボンは私のです）
④有一点儿贵。Yǒu yìdiǎnr guì.（ちょっと高いです）

〔195〕(9) 今天外边热吧？ Jīntiān wàibian rè ba?（今日外は暑いでしょう）
①不，一点也不冷。Bù, yìdiǎn yě bù lěng.
（いいえ、全然寒くないです）
②对，今天很热。Duì, jīntiān hěn rè.（はい、今日は暑いです）
③不，今天也很热。Bù, jīntiān yě hěn rè.（いいえ、今日も暑いです）
④对，今天冷得不行。Duì, jīntiān lěng de bùxíng.
（はい、今日は寒くてたまらないです）

🔈(196)（10）明天晚上我们一起吃饭，好不?

　　　　Míngtiān wǎnshang wǒmen yìqǐ chī fàn, hǎo bù?

　　　　（明日の晩、一緒にご飯を食べませんか）

　　　　①今天晚上没有时间。Jīntiān wǎnshang méiyǒu shíjiān.

　　　　　（今晩は空いてないです）

　　　　②我们喝了两瓶啤酒。Wǒmen hēle liǎng píng píjiǔ.

　　　　　（私たちはビールを2本飲みました）

　　　　③好啊，几点在哪儿见? Hǎo a, jǐ diǎn zài nǎr jiàn?

　　　　　（いいよ、何時にどこで会いますか）

　　　　④我不会喝酒。Wǒ bú huì hē jiǔ.（私はお酒が飲めないです）

2 中国語を聞き、(1)〜(10) の問いの答えとして最も適当なものを、それぞれ①〜④の中から1つ選びなさい。

🔈(197)

服务员：欢迎光临！几位?

客人　：三个人。

服务员：请这边坐。这是菜单，点菜叫我。

客人　：好的。

服务员：想点什么?

客人　：来一个青椒肉丝、一个土豆丝、三碗米饭。对了，有一个想吃拉面，不要米饭了。

服务员：你们喝点什么? 饮料5元一杯，可以免费续杯。

客人　：那要两个可乐、一个苹果汁。

服务员：好的。

客人　：一共多少钱?

服务员：青椒肉丝二十元、土豆丝十五元、米饭十元、拉面八元、可乐和苹果汁加起来十五元。一共是六十八元。现在店内活动，满七十元减五元。

客人　：那我再来一碗两元的紫菜汤，刚好够数。

服务员：好的，请问您是微信结账还是支付宝?

客人　：我忘了带手机了，用现金吧。对了，米饭不够可以加吗?

服务员：可以免费加饭。

客人　：没有什么赠送吗?

服务员：每桌赠送一份南瓜粥。大麦茶随便喝，每天到店前100位顾客每人送雪糕一个。

客人　：好的，知道了，谢谢。

Fúwùyuán : Huānyíng guānglín! Jǐ wèi?

Kèrén　　: Sān ge rén.

Fúwùyuán : Qǐng zhèbian zuò. Zhè shì càidān, diǎncài jiào wǒ.

Kèrén   : Hǎo de.

Fúwùyuán : Xiǎng diǎn shénme?

Kèrén a   : Lái yí ge qīngjiāo ròusī, yí ge tǔdòusī, sān wǎn mǐfàn. Duìle, yǒu yí ge
             xiǎng chī lāmiàn, bú yào mǐfàn le.

Fúwùyuán : Nǐmen hē diǎn shénme ma? Yǐnliào wǔ yuán yì bēi, kěyǐ miǎnfèi xùbēi.

Kèrén   : Nà yào liǎng ge kělè, yí ge píngguǒzhī.

Fúwùyuán : Hǎo de.

Kèrén   : Yígòng duōshao qián?

Fúwùyuán : Qīngjiāo ròusī èrshí yuán, tǔdòusī shíwǔ yuán, mǐfàn shí yuán, lāmiàn bā
             yuán, kělè hé píngguǒzhī jiāqilai shíwǔ yuán. Yígòng shì liùshíbā yuán.
             Xiànzài diànnèi huódòng, mǎn qīshí yuán jiǎn wǔ yuán.

Kèrén   : Nà wǒ zài lái yì wǎn liǎng yuán de zǐcàitāng, gānghǎo gòushù.

Fúwùyuán : Hǎo de, qǐngwèn nín shì wēixìn jiézhàng háishì zhīfùbǎo?

Kèrén   : Wǒ wàngle dài shǒujī le, yòng xiànjīn ba. Duì le, mǐfàn búgòu kěyǐ jiā
             ma?

Fúwùyuán : Kěyǐ miǎnfèi jiā fàn.

Kèrén   : Méiyǒu shénme zèngsòng ma?

Fúwùyuán : Měi zhuō zèngsòng yí fèn nánguāzhōu. Dàmàichá suíbiàn hē, měitiān dào
             diàn qián yìbǎi wèi gùkè měi rén sòng xuěgāo yí ge.

Kèrén   : Hǎo de, zhīdào le, xièxie.

日本語訳

サービス係：いらっしゃいませ！　何名様でいらっしゃいますか？

お客さん　：3名です。

サービス係：こちらにお座りになってください。こちらはメニューです。
　　　　　　注文の時お呼びになってください。

お客さん　：はい。

サービス係：ご注文お決まりですか？

お客さん　：チンジャオロース1つと細切りジャガイモ1つとご飯3つ。
　　　　　　そうだ、1人はラーメンが食べたくて、ご飯はいいよ。

サービス係：何かお飲みになりますか？　飲み物は一杯5元で、無料で追
　　　　　　加できます。

お客さん　：じゃあ、コーラ2つとリンゴジュース1つ。

サービス係：はい。

お客さん　：合計おいくらですか？

サービス係：チンジャオロース20元、細切りジャガイモは15元、ご飯2つ
　　　　　　は10元、ラーメン8元で、コーラとジュースはあわせて15元
　　　　　　です。全部で68元です。今は店内サービスで、70元以上で5
　　　　　　元引きです。

お客さん　：じゃあ、私は2元ののりスープ1つ追加します。ちょうどよ
　　　　　　かった。

サービス係：はい、支払はウィチャットかアリペイでなさいますか？

お客さん　　：携帯を忘れてしまったので、現金にしよう。ところで、ご飯
　　　　　　　足りなかったら、おかわりできますか？
サービス係：無料でおかわりできます。
お客さん　　：何かおまけにもらえないのですか？
サービス係：おまけにテーブルずつで南瓜粥をサービスします。大麦茶は
　　　　　　　無料で飲み放題です。毎日先着100名様、一人ずつアイスク
　　　　　　　リームをサービスしています。
お客さん　　：はい、わかった、ありがとう。

(1) 这是一家什么餐馆? Zhè shì yì jiā shénme cānguǎn?
　　（これはどういうレストランですか）
　　　①日本料理。Rìběn liàolǐ.（日本料理）
　　　②中国菜。Zhōngguócài.（中華料理）
　　　③西餐。Xīcān.（洋食）
　　　④印度菜。Yìndù cài.（インド料理）

(2) 不可以免费加的是哪个? Bù kěyǐ miǎnfèi jiā de shì nǎge?
　　（無料で追加できないのはどれですか）
　　　①南瓜粥。nánguāzhōu.（南瓜粥）
　　　②可乐。kělè.（コーラ）
　　　③大麦茶。dàmàichá.（大麦茶）
　　　④米饭。mǐfàn.（ご飯）

(3) 这顿饭一共花了多少钱? Zhè dùn fàn yígòng huāle duōshao qián?
　　（この食事は合計どのぐらいかかりましたか？）
　　　①68元。liùshibā yuán.（68元）
　　　②65元。liùshiwǔ yuán.（65元）
　　　③70元。qīshí yuán.（70元）
　　　④75元。qīshíwǔ yuán.（75元）

(4) 以下哪个是收费的? Yǐxià nǎge shì shōufèi de?
　　（次のどれは有料ですか）
　　　①南瓜粥。nánguāzhōu.（南瓜粥）
　　　②大麦茶。dàmàichá.（大麦茶）
　　　③米饭。mǐfàn.（ご飯）
　　　④雪糕。xuěgāo.（アイスクリーム）

(5) 客人想用什么方式支付? Kèren xiǎng yòng shénme fāngshì zhīfù?
　　（お客さんはどのように支払いましたか）
　　　①微信。wēixìn.（ウィチャット）
　　　②支付宝。zhīfùbǎo.（アリペイ）
　　　③银行卡。yínhángkǎ.（キャッシュカード）
　　　④现金。xiànjīn.（現金）

我是日本人，来中国留学已经两年了。现在住在这儿有一个中国朋友叫芳芳，她是大连人，今年二十六岁，比我小一岁。她也是我们学校经济专业的。一次上英语课时，老师问了一个很难的问题大家都答不出来，我就用非常流利的英语回答了问题。我看到坐在一边的芳芳对我笑，我们就这样认识了。之后芳芳遇到了英语问题就会来找我，我发现我们的爱好也一样，都喜欢看电影、游泳、旅行。我们经常用英语一起交流，而且听说芳芳最近要开始学日语。我们还经常一起去看电影。我们有时看美国电影，有时看日本电影，有时看法国电影。就在上个星期六我们还一起去了电影院，看了芳芳最喜欢的中国片。

　　Wǒ shì Rìběnrén, lái Zhōngguó liúxué yǐjīng liǎng nián le. Xiànzài zài zhèr yǒu yí ge Zhōngguó péngyou jiào Fāngfang, tā shì Dàliánrén, jīnnián èrshiliù suì, bǐ wǒ xiǎo yī suì. Tā yě shì wǒmen xuéxiào jīngjì zhuānyè de. Yí cì shàng Yīngyǔ kè shí, lǎoshī wènle yí ge hěn nán de wèntí dàjiā dōu dá bù chūlái, wǒ jiù yòng fēicháng liúlì de Yīngyǔ huídále wèntí. Wǒ kàndào zuò zài yìbiān de Fāngfang duì wǒ xiào, wǒmen jiù zhèyàng rènshí le. Zhīhòu Fāngfang yùdàole Yīngyǔ de wèntí jiù huì lái zhǎo wǒ, wǒ fāxiàn wǒmen de àihào yě yíyàng, dōu xǐhuan kàn diànyǐng、yóuyǒng、lǚxíng. Wǒmen jīngcháng yòng Yīngyǔ yìqǐ jiāoliú, érqiě tīngshuō Fāngfang zuìjìn yào kāishǐ xué Rìyǔ. Wǒmen hái jīngcháng yìqǐ qù kàn diànyǐng. Wǒmen yǒushí kàn Měiguó diànyǐng, yǒushí kàn Rìběn diànyǐng, yǒushí kàn Fǎguó diànyǐng. Jiù zài shàng ge xīngqīliù wǒmen hái yìqǐ qùle diànyǐngyuàn, kànle Fāngfang zuì xǐhuan de Zhōngguópiàn.

日本語訳

　私は日本人です。中国に来てからもう2年たちました。今ここに芳芳さんという中国人の友達がいて、彼女は大連の人です。今年26歳で、私より1歳年下です。彼女もうちの大学の経済専攻の学生です。ある英語の授業の時、先生は難しい問題を出し、みんな答えられませんでしたが、（その時）私はとても流暢な英語で質問に答えました。（その時）近くに座っている芳芳さんが私に向かって笑ったのを見ました。私たちはこのように知り合いました。その後芳芳さんは英語の問題があると、私を尋ねて来るようになり、なんと私たちの趣味が一緒ということに気づきました。2人とも映画や水泳や旅行などが好きです。私たちはよく英語でコミュニケーションをします。それに最近芳芳さんは日本語を勉強し始めたそうです。私たちはよく一緒に映画を見に行ったりします。時にはアメリカ映画、時には日本映画、時にはフランス映画です。先週の土曜日私たちはまた一緒に映画館へ行き、芳芳さんの一番好きな中国映画を見ました。

(6) 芳芳是哪国人? Fāngfang shì nǎ guó rén?
　　（芳芳さんはどの国のひとですか）
　　①中国人。Zhōngguórén.（中国人）
　　②韩国人。Hánguórén.（韓国人）
　　③美国人。Měiguórén.（アメリカ人）
　　④日本人。Rìběnrén.（日本人）

(7) 哪个不是芳芳的爱好? Nǎge bú shì Fāngfang de àihào?
　　（芳芳さんの趣味ではないのはどれですか）
　　①游泳。Yóuyǒng.（水泳）
　　②日语。Rìyǔ.（日本語）
　　③电影。Diànyǐng.（映画）
　　④旅行。Lǚxíng.（旅行）

(8) 我是什么专业的? Wǒ shì shénme zhuānyè de?
　　（私は何の専攻ですか）
　　①英语。Yīngyǔ.（英語）
　　②电影。Diànyǐng.（映画）
　　③经济。Jīngjì.（経済）
　　④体育。Tǐyù.（体育）

(9) 芳芳最喜欢的电影是什么? Fāngfang zuì xǐhuan de diànyǐng shì shénme?
　　（芳芳さんの一番好きな映画は何ですか）
　　①美国电影。Měiguó diànyǐng.（アメリカ映画）
　　②日本电影。Rìběn diànyǐng.（日本映画）
　　③中国电影。Zhōngguó diànyǐng.（中国映画）
　　④法国电影。Fǎguó diànyǐng.（フランス映画）

(10) 芳芳和我是怎么认识的? Fāngfang hé wǒ shì zěnme rènshi de?
　　（芳芳さんと私はどのように知り合いましたか）
　　①在一个班级。Zài yí ge bānjí.（同じクラスメート）
　　②都学经济专业。Dōu xué jīngjì zhuānyè.（2人とも経済専攻です）
　　③都喜欢看电影。Dōu xǐhuan kàn diànyǐng.
　　　　（2人とも映画を見るのが好き）
　　④我回答了老师的英语问题。Wǒ huídàole lǎoshī de Yīngyǔ wèntī.
　　　（私が先生の英語の質問に答えた）

1. 1.

(1) 4　垃圾　(lājī)：(名) ゴミ
　　　　経常　(jīngcháng)：(形) 平常の　(副) いつも
　　　　心情　(xīnqíng)：(名) 気持ち、心情
　　　　新闻　(xīnwén)：(名) ニュース

(2) 2　洗澡　(xǐzǎo)：風呂に入る
　　　　基本　(jīběn)：(名) 基本　(形) 基本的な　(副) 基本的に
　　　　危险　(wēixiǎn)：(名) 危険　(形) 危険である、危ない
　　　　缺点　(quēdiǎn)：(名) 短所、欠点

(3) 3　声音　(shēngyīn)：(名) 音、声
　　　　医院　(yīyuàn)：(名) 病院
　　　　帮助　(bāngzhù)：(動) 手伝う、助ける
　　　　书店　(shūdiàn)：(名) 本屋

(4) 1　舒服　(shūfu)：(形) 気持ちが良い
　　　　迟到　(chídào)：(動) 遅刻する
　　　　颜色　(yánsè)：(名) 色、表情
　　　　难过　(nánguò)：(動) つらい　(形) 調子が悪い

(5) 2　跑步　(pǎobù)：(動) ジョギングをする
　　　　下课　(xiàkè)：(動) 授業が終わる
　　　　最近　(zuìjìn)：(名) 最近
　　　　贸易　(màoyì)：(名) 貿易

2.

(6) 2　huánjìng　环境：(名) 環境

(7) 3　gǎnxiǎng　感想：(名) 感想、考え

(8) 1　yánjiū　研究：(動) 研究する、考慮する

(9) 4　yǐngxiǎng　影响：(名) 影響、(動) 影響する

(10) 2　jiǎndān　简单：(形) 簡単である

(1) 4 所　我住的城市有三所大学。Wǒ zhù de chéngshì yǒu sān suǒ dàxué.
（私の町には３つの大学があります。）
量詞 "所（suǒ）" は学校や病院などを数えるときに用い、"三所大学（sān suǒ dàxué）" で「３つの大学」の意味になります。

(2) 1 得　我跑得不快。Wǒ pǎo de bú kuài.（私は走るのが速くないです。）
"V＋得＋不＋程度補語" の形を用い、ここでは「走るのが速くない」を意味します。

(3) 2 不起　太贵了，我买不起这套房子。
Tài guì le, wǒ mǎibùqǐ zhè tào fángzi.
（高すぎます。私はこの家を買えません。）
"买不起" は「動詞＋不＋補語」で表しており、「買えない」の意味です。

(4) 3 从　从你家到图书馆要走几分钟?
Cóng nǐ jiā dào túshūguǎn yào zǒu jǐ fēnzhōng?
（あなたの家から図書館まで歩いて何分かかりますか。）
介詞 "从（cóng）" は起点を表し、"到（dào）" と組み合わせることで、「～から～まで」の意味を表します。

(5) 2 下来　我把衣服脱下来。Wǒ bǎ yīfu tuō xialai.（私は服を脱ぎます。）
"V＋下来" は、動作の完了と共に物体の一部が主体から離れていくことを表します。

(6) 4 所以　今天我没带钱，所以我不能买。
Jīntiān wǒ méi dài qián, suǒyǐ wǒ bù néng mǎi.
（今日お金を持っていないので、買えません。）
接続詞 "因为～，所以～" は、「～なので～である」の意味で用います。

(7) 3 篇　我写了一篇文章。Wǒ xiěle yì piān wénzhāng.
（私は文章を書きました。）
量詞 "篇（piān）" は「（文章、論文、書物を数える）編、篇」の意味になります。

(8) 1 呢　小刘呢? 她怎么还不来? Xiǎo Liú ne? Tā zěnme hái bù lái?
（劉さんは？　どうしてまだ来てないですか。）
"小刘呢？" は、語気助詞 "呢" を使った疑問文になり、「劉さんは？」の意味になります。"怎么" は「どうして、なぜ」を意味します。

(9) 4 起来　这两天暖和起来了。Zhè liǎng tiān nuǎnhuo qǐlai le.
（この２、３日暖かくなってきました。）
"起来"は形容詞の後ろに用い、ある状態が発生し、程度が強まりつつあることを表します。"暖和起来了（nuǎnhuo qǐlai le）"で「暖かくなってきた」を意味します。

(10) 3 以后　昨天他做完作业以后，就去找小王了。
Zuótiān tā zuòwán zuòyè yǐhòu, jiù qù zhǎo Xiǎo Wáng le.
（昨日彼は宿題をやり終えてから、王さんを訪ねて行きました。）
完了を表す補語"完"は動詞の後ろに置き表現します。"做完作业"で「宿題をやり終わる」を意味します。

3 1.

(1) 3　哥哥比我大三岁。Gēge bǐ wǒ dà sān suì.
比較文"A 比 B ＋ 形容詞 ＋ 数量補語"は「A は B より～です」を表します。

(2) 1　我爸爸正喝着啤酒呢。Wǒ bàba zhèng hēzhe píjiǔ ne.
"正 V 着……呢"で動作が進行中であることを表しています。

(3) 4　我妈妈把饭做好了。Wǒ māma bǎ fàn zuòhǎo le.
介詞"把"は目的語を動詞の前に出し、「"把"＋目的語＋動詞＋プラス α」の語順で用います。

(4) 2　你最喜欢的水果是哪个？Nǐ zuì xǐhuan de shuǐguǒ shì nǎge?
「"哪"＋数詞＋量詞（＋名詞）」の形で用いる。

(5) 1　猪肉比牛肉便宜二十块。Zhūròu bǐ niúròu piányi èrshí kuài.
比較文"A 比 B ＋ 形容詞 ＋ 数量補語"は「A は B より～です」を表します。

2.

(6) 3 得　今天下雨下得很厉害。Jīntiān xiàyǔ xià de hěn lìhai.
目的語を伴うときは"V ＋ O ＋ V ＋ 得"の形で、ここでは動詞"下"を繰り返します。

(7) 1 做一下　请做一下自我介绍。Qǐng zuò yíxià zìwǒ jièshào.
"V ＋ 一下"の形で「ちょっと V する」を表します。

(8) 2 就　我一回家就学习。Wǒ yì huí jiā jiù xuéxí.
"一 ＋ V1 ＋ 就 ＋ V2"の形は「V1 するとすぐ V2」の意味になります。

(9) 4 做 　你到底想做什么呢？ Nǐ dàodǐ xiǎng zuò shénme ne?
　　　　　"做什么呢？（zuò shénme ne?)"で、「何をしますか？」と相
　　　　　手に尋ねる場合の表現で、副詞 "到底（dàodǐ)"「いったい」
　　　　　の前に置きます。

(10) 1 机场 　我去机场接客人。Wǒ qù jīchǎng jiē kèren.
　　　　　"去机场"（空港へ行く）と "接客人"（客を迎える）の2つ
　　　　　の動作は行われる順番にします。

4

　　我家有五口人，爸爸、妈妈、两个姐姐和我。我爸爸是银行职员，每天
很早（ 1 ）出门去上班，有时周六、周日也不休息。妈妈是中学老师，下班
回家后还要（ 2 ）很多工作回家做。他们（ 3 ）都很忙，（ 3 ）很关心我
们的学习和生活。大姐去年已经从大学毕业了，现在在北京的一家公司上班。
二姐上大学二年级，她明年（ 4 ）去日本交换留学。每年妈妈放暑假和寒假
的时候，我都很开心。（ 5 ）她每次放假都带我去旅游。去年我们去了四川
成都，今年想去上海和杭州。妈妈说，等明年二姐去日本留学了，我们就去
日本看她。我觉得好期待啊。

　　Wǒ jiā yǒu wǔ kǒu rén, bàba、māma、liǎng ge jiějie hé wǒ. Wǒ bàba shì
yínháng zhíyuán, měi tiān hěn zǎo（ 1 ）chūmén qù shàngbān, yǒushí zhōuliù、zhōurì
yě bù xiūxi. Māma shì zhōngxué lǎoshī, xiàbān huíjiā hòu hái yào（ 2 ）hěn duō
gōngzuò huíjiā zuò. Tāmen（ 3 ）dōu hěn máng,（ 3 ）hěn guānxīn wǒmen de
xuéxí hé shēnghuó. Dàjiě qùnián yǐjīng cóng dàxué bìyè le, xiànzài zài Běijīng de yì
jiā gōngsī shàngbān. Èrjiě shàng dàxué èr niánjí, tā míngnián（ 4 ）qù Rìběn
jiāohuàn liúxué. Měi nián māma fàng shǔjià hé hánjià de shíhou, wǒ dōu hěn kāixīn.
（ 5 ）tā měi cì fàngjià dōu dài wǒ qù lǚyóu. Qùnián wǒmen qùle Sìchuān Chéngdū,
jīnnián xiǎng qù Shànghǎi hé Hángzhōu. Māma shuō, děng míngnián èrjiě qù Rìběn
liúxuéle, wǒmen jiù qù Rìběn kàn tā. Wǒ juéde hǎo qīdài a.

　　わが家は5人家族で、父、母、2人の姉、私です。父は銀行員で毎日と
ても早く出勤します。時には土日も休みではありません。母は中学校の先
生で帰宅してからも多くの仕事をしています。彼らはとても忙しいですが、
私たちの勉強や生活を気に掛けています。いちばん上の姉は昨年大学を卒
業し、現在は北京の会社で働いています。二番目の姉は大学2年生で来年
日本へ交換留学に行く予定です。毎年母が夏休みや冬休みになると私はと
ても嬉しいです。それは休みになると、旅行に連れて行ってくれるからで
す。昨年は四川省成都に行きましたが、今年は上海と杭州に行きたいです。
母は来年二番目の姉が日本に留学したら、日本に会いに行こうと言ってい
ます。私はとても楽しみにしています。

(1) 空欄（1）を埋めるのに適当なものは、次のどれか。
　①就 jiù　　②才 cái　　③又 yòu　　④再 zài
　☞ "就 jiù" は「すでに」、「もう」などの意で、ここでは、「毎朝早くも出勤する」と
　　「家から出かける時間がとても早い」ことを強調して述べます。

(2) 空欄（2）を埋めるのに適当なものは、次のどれか。
　①拿 ná　　②带 dài　　③有 yǒu　　④送 sòng
　☞ "带 dài" は「持つ」、「持参する」の意で、ここでは、「仕事を家に持ち帰る」こと
　　を意味します。②の "拿 ná" は「つかむ」、「持つ」、「取る」の意ですが、「持参
　　する」という意味を表すときは、②よりも①のほうがふさわしいです。

(3) 空欄（3）を埋めるのに適当なものは、次のどれか。
　①因为……所以 yīnwèi …… suǒyǐ　　②即使……但是 jíshǐ …… dànshì
　③尽管……因此 jǐnguǎn …… yīncǐ　　④虽然……但是 suīrán …… dànshì
　☞ 接続詞 "虽然……但是 suīrán …… dànshì" は「～ではあるけれども」の意で、一
　　方を事実と認めながらも、同時に他方も成立することを認めることを表します。

(4) 空欄（4）を埋めるのに**適当ではない**ものは、次のどれか。
　①喜欢 xǐhuan　　②打算 dǎsuan　　③准备 zhǔnbèi　　④计划 jìhuà
　☞ ②、③、④はいずれも計画性を持って、「～するつもりである」という意味を表す
　　表現で、①"喜欢 xǐhuan" は「～のが好きです」の意で、ここでは用いられません。

(5) 空欄（5）を埋めるのに適当なものは、次のどれか。
　①所以 suǒyǐ　　②因为 yīnwèi　　③因此 yīncǐ　　④就是 jiùshì
　☞ "她每次放假都带我去旅游"「休みになると旅行に連れて行ってくれる」は前文の
　　"每年妈妈放暑假和寒假的时候，我都很开心。"「毎年母が夏休みや冬休みになる
　　と私はとても嬉しいです」の理由を補足説明しているので、接続詞 "因为 yīnwèi"
　　がここに入ります。

(6) 本文の内容と一致するものは、次のどれか。
　①爸爸妈妈的工作都很忙。Bàba māma de gōngzuò dōu hěn máng.
　　（父も母も仕事が忙しいです。）
　②两个姐姐都在上大学。Liǎng ge jiějie dōu zài shàng dàxué.
　　（お姉さんたちは 2 人とも大学に通っています。）
　③妈妈、二姐和我明年要去日本旅游。
　　Māma, èrjiě hé wǒ míngnián yào qù Rìběn lǚyóu.
　　（母と二番目の姉と私は来年日本へ旅行に行きます。）
　④爸爸星期六和星期天休息。Bàba xīngqīliù hé xīngqītiān xiūxi.
　　（父は土曜日と日曜日休みです。）
　☞ 第 3 行目に、"他们都很忙" の "他们" は父と母を指しているので、①が正解と
　　なります。

5

(1) 今天我有点（儿）忙。Jīntiān wǒ yǒudiǎn(r) máng.
（今日私は少し忙しい。）
"有点（儿）＋形容詞"は「少し、ちょっと～」の意味で、"有点（儿）"は、形容詞の前に使われます。

(2) 中国在日本（的）西边。Zhōngguó zài Rìběn (de) xībiān.
（中国は日本の西にあります。）
特定の人や物がある場所に存在することを表す場合、"在"を使い、「人や物＋"在"＋場所」の形で表します。

(3) 李老师教我们韩语。Lǐ lǎoshī jiāo wǒmen Hányǔ.
（李先生は私たちに韓国語を教えています。）
"教＋目的語1＋目的語2"の形を用います。

(4) 你坐地铁去，还是坐公共汽车去?
Nǐ zuò dìtiě qù, háishi zuò gōnggòng qìchē qù?
（あなたは地下鉄で行きますか、それともバスで行きますか。）
選択疑問詞「それとも」は、"还是"を使います。ここでは、「地下鉄に乗って行くか」または「バスに乗って行くか」を尋ねています。

(5) 你看过美国小说吗? Nǐ kànguo Měiguó xiǎoshuō ma?
（あなたはアメリカの小説を読んだことがありますか。）
"V＋过～吗?"は「これまでに～したことがありますか」の意味となり、"看（kàn）"は「（本を）読む」の意味です。

1 (1)～(10) の中国語の問いを聞き、答えとして最も適当なものを、それぞ
れ①～④の中から1つ選びなさい。

(199) (1) 你们兄弟差几岁? Nǐmen xiōngdì chà jǐ suì?
　　　　(あなたたち兄弟は何歳離れていますか)
　　　　①我比弟弟大四岁。Wǒ bǐ dìdi dà sì suì. (私は弟より4歳年上です)
　　　　②他是我哥哥。Tā shì wǒ gēge. (彼は私の兄です)
　　　　③我今年二十一岁了。Wǒ jīnnián èrshiyī suì le. (私は今年21歳です)
　　　　④昨天是我的生日。Zuótiān shì wǒ de shēngri. (昨日は私の誕生日でした)

(200) (2) 桌子上有钱包吗? Zhuōzi shang yǒu qiánbāo ma?
　　　　(テーブルの上に財布がありますか)
　　　　①桌子上有手机。Zhuōzi shang yǒu shǒujī.
　　　　　(テーブルの上に携帯があります)
　　　　②刚刚花钱了。Gānggāng huāqián le. (たったいまお金を使いました)
　　　　③桌子上没有钱包。Zhuōzi shang méiyǒu qiánbāo.
　　　　　(テーブルの上に財布はありません)
　　　　④桌子下面没有东西。Zhuōzi xiàmian méiyǒu dōngxi.
　　　　　(テーブルの下に物がありません)

(201) (3) 谁是你的姐姐? Shéi shì nǐ de jiějie? (誰があなたのお姉さんですか)
　　　　①他是我的哥哥。Tā shì wǒ de gēge. (彼は私の兄です)
　　　　②前面的人就是小王。Qiánmian de rén jiùshì Xiǎo Wáng.
　　　　　(前方の人が王さんです)
　　　　③我有两个姐姐。Wǒ yǒu liǎng ge jiějie. (私は2人の姉がいます)
　　　　④她旁边的人就是。Tā pángbiān de rén jiùshì. (彼女の隣の人です)

(202) (4) 你妹妹做什么工作? Nǐ mèimei zuò shénme gōngzuò?
　　　　(妹さんは何の仕事をしていますか)
　　　　①我弟弟是高中生。Wǒ dìdi shì gāozhōngshēng. (弟は高校生です)
　　　　②我姐姐去图书馆了。Wǒ jiějie qù túshūguǎn le.
　　　　　(お姉さんは図書館へ行きました)
　　　　③我妹妹是医生。Wǒ mèimei shì yīshēng. (妹は医者です)
　　　　④我爸爸是老师。Wǒ bàba shì lǎoshī. (父は教師です)

(203) (5) 你妈妈每天几点起床? Nǐ māma měi tiān jǐ diǎn qǐchuáng?
　　　　(お母さんは毎日何時に起きますか)
　　　　①她每天七点起床。Tā měi tiān qī diǎn qǐchuáng.
　　　　　(彼女は毎日7時に起きます)
　　　　②她昨天六点半出门了。Tā zuótiān liù diǎn bàn chūmén le.
　　　　　(彼女は昨日6時半に出かけました)

③她每天十点半睡觉。Tā měi tiān shí diǎn bàn shuìjiào.
（彼女は毎日10時半に寝ます）
④她已经起床了。Tā yǐjīng qǐchuáng le.（彼女はもう起きています）

(204) (6) 你爸爸会不会开车？Nǐ bàba huì bu huì kāichē?
（お父さんは運転できますか）
①我爸爸没有车。Wǒ bàba méiyǒu chē.（父は車がありません）
②我爸爸会开车。Wǒ bàba huì kāichē.（父は運転できます）
③昨天我爸爸上班了。Zuótiān wǒ bàba shàngbān le.
（昨日父は出勤しました）
④我买了一辆车。Wǒ mǎile yí liàng chē.（私は車を1台買いました）

(205) (7) 今晚一起去喝酒吧，怎么样？Jīnwǎn yìqǐ qù hē jiǔ ba, zěnmeyàng?
（今日一緒に飲みに行きませんか）
①好啊，明天去吧。Hǎo a, míngtiān qù ba.（いいよ、明日行きましょう）
②我不会抽烟。Wǒ bú huì chōuyān.（私はタバコは吸えません）
③好啊，一起去吧。Hǎo a, yìqǐ qù ba.（いいよ、一緒に行きましょう）
④下午我有时间。Xiàwǔ wǒ yǒu shíjiān.（午後私は時間があります）

(206) (8) 你弟弟今天在家吗？Nǐ dìdi jīntiān zàijiā ma?（弟は今日家にいますか）
①他不在家。Tā bú zàijiā.（彼は家にいません）
②我爸爸出差了。Wǒ bàba chūchāi le.（父は出張しました）
③我妈妈在家做饭。Wǒ māma zàijiā zuòfàn.
（母は家でご飯を作ります）
④我姐姐在看电视呢。Wǒ jiějie zài kàn diànshì ne.
（姉はテレビを見ています）

(207) (9) 昨天学了几个小时汉语？Zuótiān xuéle jǐ ge xiǎoshí Hànyǔ?
（昨日何時間中国語を勉強しましたか）
①两天。Liǎng tiān.（2日間）
②两周。Liǎng zhōu.（2週間）
③两点。Liǎng diǎn.（2時）
④两个小时。Liǎng ge xiǎoshí.（2時間）

(208) (10) 你家离车站远不远？Nǐ jiā lí chēzhàn yuǎn bu yuǎn?
（家は駅から遠いですか）
①我家在公园的对面。Wǒ jiā zài gōngyuán de duìmiàn.
（家は公園の向かいです）
②我家离车站很近。Wǒ jiā lí chēzhàn hěn jìn.（家は駅から近いです）
③我们的学校很大。Wǒmen de xuéxiào hěn dà.（うちの学校は大きいです）
④你家离学校有一点儿远。Nǐ jiā lí xuéxiào yǒu yìdiǎnr yuǎn.
（家は学校から少し遠いです）

2 中国語を聞き、(1)～(10) の問いの答えとして最も適当なものを、それぞれ①～④の中から 1 つ選びなさい。

長文聴解 (1) ～ (5)

客人 ：这个绿葡萄怎么卖?
服务员：八块一斤。
客人 ：我没吃过这种葡萄。是哪儿的?
服务员：是新疆的，叫美人指。
客人 ：甜不甜?
服务员：很甜，你尝一尝。
客人 ：嗯，是甜，可是我更喜欢酸甜的。这个紫色的葡萄叫什么?
服务员：巨峰葡萄，这个葡萄是酸甜的。五块一斤。
客人 ：要这个，橘子和橙子哪个更甜?
服务员：橙子纯甜，橘子酸甜。
客人 ：不要纯甜的，橘子多少钱?
服务员：四块一斤，十块三斤。你要多少?
客人 ：巨峰和橘子一样来三斤吧。
服务员：好的，这个酸甜的杏子是今天早上新来的，很新鲜，三块一斤，算你五块两斤吧。
客人 ：谢谢，既然新鲜我来两斤尝尝吧。
服务员：好的，好吃再来。

Kèrén　　：Zhège lǜpútao zěnme mài?
Fúwùyuán：Bā kuài yì jīn.
Kèrén　　：Wǒ méi chīguo zhè zhǒng pútao. Shì nǎr de?
Fúwùyuán：Shì Xīnjiāng de, jiào Měirénzhǐ.
Kèrén　　：Tián bu tián?
Fúwùyuán：Hěn tián, nǐ cháng yi cháng.
Kèrén　　：Ǹg, shì tián, kěshì wǒ gèng xǐhuan suāntián de. Zhège zǐsè de pútao jiào shénme?
Fúwùyuán：Jùfēng pútao, zhège pútao shì suāntián de. Wǔ kuài yì jīn.
Kèrén　　：Yào zhège, júzi hé chéngzi nǎge gèng tián?
Fúwùyuán：Chéngzi chúntián, júzi suāntián.
Kèrén　　：Búyào chúntián de, júzi duōshao qián?
Fúwùyuán：Sì kuài yì jīn, shí kuài sān jīn. Nǐ yào duōshao?
Kèrén　　：Jùfēng hé júzi yíyàng lái sān jīn ba.
Fúwùyuán：Hǎo de, zhège suāntián de xìngzi shì jīntiān zǎoshang xīn lái de, hěn xīnxiān, sān kuài yì jīn, suàn nǐ wǔ kuài liǎng jīn ba.
Kèrén　　：Xièxie, jìrán xīnxiān wǒ lái liǎng jīn chángchang ba.
Fúwùyuán：Hǎo de, hǎochī zài lái.

お客さん　　：この葡萄はいくらですか？
サービス係：500gで8元です。
お客さん　　：こういう葡萄は食べたことないですね。産地は？
サービス係：新疆です。美人指といいます。
お客さん　　：甘いですか？
サービス係：甘いですよ。食べてみて。
お客さん　　：うん、確かに甘いです。でも私は甘酸っぱい方が好きです。
　　　　　　　この紫色の葡萄はなんといいます？
サービス係：巨峰葡萄です。これは甘酸っぱいです。500gで5元です。
お客さん　　：これをください。ミカンとダイダイどっちの方が甘い？
サービス係：ダイダイはすごく甘くて、ミカンは甘酸っぱいです。
お客さん　　：すごく甘いものは結構です。ミカンはどのぐらい？
サービス係：500gで4元ですけど、1500gで10元です。どのぐらい欲しい
　　　　　　　ですか？
お客さん　　：巨峰とみかんを1500gずつください。
サービス係：はい、このアンズは今朝摘んだばかりなので、甘酸っぱくて
　　　　　　　新鮮で美味しいです。500gで3元です。1kg5元にしてあげ
　　　　　　　ます。
お客さん　　：ありがとう。新鮮なら、1kg味わってみます。
サービス係：はい、美味しかったら、またいらっしゃってください。

(1) 我喜欢什么口味? Wǒ xǐhuan shénme kǒuwèi?
　　（私はどんな味が好きですか）
　　①酸。Suān.（酸っぱい）
　　②甜。Tián.（甘い）
　　③酸甜。Suāntián.（甘酸っぱい）
　　④香甜。Xiāngtián.（甘ったるい）

(2) 我没有买哪个水果? Wǒ méiyǒu mǎi nǎge shuǐguǒ?
　　（私はどの果物を買ってないですか）
　　①巨峰葡萄。Jùfēng pútao.（巨峰葡萄）
　　②橘子。Júzi.（ミカン）
　　③杏子。Xìngzi.（アンズ）
　　④桃子。Táozi.（もも）

(3) 以下哪个水果不是酸甜的? Yǐxià nǎge shuǐguǒ bú shì suāntián de?
　　（以下の果物、甘酸っぱくないものはどれですか）
　　①杏子。Xìngzi.（杏子）
　　②橙子。Chéngzi.（ダイダイ）
　　③巨峰葡萄。Jùfēng pútao.（巨峰葡萄）
　　④橘子。Júzi.（ミカン）

(4) 我尝了哪种水果？ Wǒ chángle nǎ zhǒng shuǐguǒ?
   （私はどんな果物を食べてみましたか）
   ①美人指葡萄。Měirénzhǐ pútao. （美人指葡萄）
   ②橙子。Chéngzi. （ダイダイ）
   ③杏子。Xìngzi. （アンズ）
   ④桃子。Táozi. （もも）

(5) 我一共花了多少钱？ Wǒ yígòng huāle duōshao qián?
   （私は合計でどのぐらい払いましたか）
   ①25块。Èrshiwǔ kuài.　　　　②28块。Èrshibā kuài.
   ③30块。Sānshí kuài.　　　　④32块。Sānshi'èr kuài.

(210)

長文聴解 （6）～（10）

下周就要期末考试了。考完试这个学期就结束了。今天上课的时候，班主任给我们讲关于期末考试的事。比如说哪天考哪科，从几课到几课，去哪个教室考等等。他还说了几个要注意的问题。考试不能迟到、不能离开教室、不能互相说话、答题时一定要写简体字，不能写繁体字。考试当天，有的同学不是忘带铅笔就是没带橡皮。老师借了铅笔给小王，可是没有多余的橡皮借给小李了。小美的试卷题目的字不清楚举手找了老师，老师告诉了她。终于考试结束了，走出考场时大家什么表情都有，有高兴的，有难过的，有后悔的，也有面无表情的，希望大家都能考出好成绩。

Xiàzhōu jiùyào qīmò kǎoshì le. Kǎowán shì zhège xuéqī jiù jiéshù le. Jīntiān shàngkè de shíhou, bānzhǔrèn gěi wǒmen jiǎng guānyú qīmò kǎoshì de shì. Bǐrú shuō nǎ tiān kǎo nǎ kē, cóng jǐ kè dào jǐ kè, qù nǎge jiàoshì kǎo děngděng. Tā hái shuō le jǐ ge yào zhùyì de wèntí. Kǎoshì bù néng chídào, bù néng líkāi jiàoshì, bù néng hùxiāng shuōhuà, dá tí shí yídìng yào xiě jiǎntǐzì, bù néng xiě fántǐzì. Kǎoshì dàngtiān, yǒude tóngxué búshì wàng dài qiānbǐ jiùshì méi dài xiàngpí. Lǎoshī jièle qiānbǐ gěi Xiǎo Wáng, kěshì méiyǒu duōyú de xiàngpí jiè gěi Xiǎo Lǐ le. Xiǎo Měi de shìjuàn tímù de zì bù qīngchu jǔshǒu zhǎole lǎoshī, lǎoshī gàosù le tā. Zhōngyú kǎoshì jiéshù le, zǒuchū kǎochǎng shí dàjiā shénme biǎoqíng dōu yǒu, yǒu gāoxìng de, yǒu nánguò de, yǒu hòuhuǐ de, yě yǒu miànwúbiǎoqíng de, xīwàng dàjiā dōu néng kǎochū hǎo chéngjì.

日本語訳

来週はもう期末試験です。試験が終わったら今学期は終わります。今日授業中に、担任の先生は期末テストのことを説明しました。例えば、どの日にどの科目の試験があるか、何課から何課までか、どの教室で受けるかなどです。彼は注意すべき問題も教えてくださいました。試験に遅刻してはいけないこと、教室を出てはいけないこと、話し合ってはいけないこと、解答は必ず簡体字で書くこと、繁体字で書いてはいけないことです。試験

当日、ある学生は、鉛筆を忘れたり、消しゴムを忘れたりしました。先生が鉛筆を王さんに貸してあげました。でも消しゴムは余っておらず、李さんには貸せませんでした。小美は問題用紙の文字がはっきり見えないので、手を挙げて先生を呼びました。先生は教えてあげました。やっと試験が終わって、試験会場から出て来た時、みんな色んな表情をしていて、嬉しい表情や、悲しい表情、後悔している表情、無表情な人もいました。みんないい成績を取れることを願っています。

(6) 考试是什么时候? Kǎoshì shì shénme shíhou?（試験はいつですか）
  ①这周。zhè zhōu.（今週）
  ②大下周。dà xià zhōu.（再来週）
  ③下周。xiàzhōu.（来週）
  ④下个月。xià ge yuè.（来月）

(7) 哪个不是老师在考试前说过的事情?
  Nǎge bú shì lǎoshī zài kǎoshì qián shuōguo de shìqing?
  （先生が試験前に話したことではないのはどれですか）
  ①考试科目。kǎoshì kēmù.（試験の科目）
  ②考试范围。kǎoshì fànwéi.（試験の範囲）
  ③考试地点。kǎoshì dìdiǎn.（試験の場所）
  ④监考老师。jiānkǎo lǎoshī.（監督の先生）

(8) 哪个不是老师说的考试注意事项?
  Nǎge bú shì lǎoshī shuō de kǎoshì zhùyì shìxiàng?
  （どれが先生から注意されたテストの注意事項ではありませんか）
  ①不能迟到。Bù néng chídào.（遅刻はダメ）
  ②不能作弊。Bù néng zuòbì.（カンニングができない）
  ③要写简体字。Yào xiě jiǎntǐzì.（簡体字で書く）
  ④不可以走出教室。Bù kěyǐ zǒuchū jiàoshì.（教室から出てはいけない）

(9) 考试时谁的麻烦没有得到解决?
  Kǎoshì shí shéi de máfan méiyǒu dédào jiějué?
  （試験中、誰のトラブルが解決されてないですか）
  ①小王。Xiǎo Wáng.（王さん）
  ②小李。Xiǎo Lǐ.（李さん）
  ③小美。Xiǎo Měi.（小美さん）
  ④老师。Lǎoshī.（教師）

(10) 哪个不是考试后的表情? Nǎge bú shì kǎoshì hòu de biǎoqíng?
  （テストの後の表情でないのはどれですか）
  ①开心。kāixīn.（喜び）   ②悲伤。bēishāng.（悲しみ）
  ③生气。shēngqì.（怒り）   ④平静。píngjìng.（平静）

1 1.

(1) 2　交通（jiāotōng）：（名）交通
　　　健康（jiànkāng）：（名）健康（形）健康である
　　　快餐（kuàicān）：（名）ファーストフード
　　　认真（rènzhēn）：（形）真面目である

(2) 1　结束（jiéshù）：（動）終わる
　　　体育（tǐyù）：（名）体育
　　　短信（duǎnxìn）：（名）メール
　　　准备（zhǔnbèi）：（名）準備（動）準備する

(3) 4　闹钟（nàozhōng）：（名）目覚まし時計
　　　太阳（tàiyáng）：（名）太陽
　　　姓名（xìngmíng）：（名）氏名
　　　换钱（huànqián）：両替する

(4) 3　旅游（lǚyóu）：（動）観光する
　　　人民（rénmín）：（名）人民
　　　足球（zúqiú）：（名）サッカー
　　　完全（wánquán）：（形）完全である（副）まったく

(5) 3　困难（kùnnan）：（形）苦しい、困難である
　　　上网（shàng wǎng）：（動）インターネットに接続する
　　　厕所（cèsuǒ）：（名）トイレ
　　　办法（bànfǎ）：（名）やり方、方法

　2.

(6) 1　shāowēi 稍微：（副）少し、ちょっと

(7) 4　xìngfú 幸福：（名）幸福（形）幸福である、幸せである

(8) 2　jǐngchá 警察：（名）警察

(9) 3　zhàngfu 丈夫：（名）夫、亭主

(10) 1　huánjià 还价：（動）値切る

2

(1) 2　支

爸爸给我买了一支钢笔。
Bàba gěi wǒ mǎile yì zhī gāngbǐ.
（父は万年筆を 1 本買ってくれました。）
量詞 "支（zhī）" は「（筆、ペンなど棒状のものの数を数える）本」の意味になります。

(2) 3　给

我刚才给他打电话了。Wǒ gāngcái gěi tā dǎ diànhuà le.
（私は先ほど彼に電話をかけました。）
「誰かに何かをする」の「誰かに」は、二重目的語 "给……" を使い表します。

(3) 1　怎么

最近她怎么老迟到？ Zuìjìn tā zěnme lǎo chídào?
（最近彼女はどうしていつも遅刻するんですか。）
"怎么" は「どうして、なぜ」を意味します。副詞 "老（lǎo）" は、"老＋動詞／形容詞" の形で「いつも、常に」を表します。

(4) 4　就

小王不是刚走，他早就走了呢。
Xiǎo Wáng bú shì gāng zǒu, tā zǎojiù zǒu le ne.
（王さんはいま帰ったのではなく、とっくに帰ってました。）
副詞 "早就（zǎojiù）" は「とっくに、早くから」を意味します。

(5) 2　不见

我们听不见你说什么。Wǒmen tīngbujiàn nǐ shuō shénme.
（私たちはあなたが言っていることが聞こえません。）
"動詞＋不＋結果補語" の形で使われ、ここでの "听不见（tīngbujiàn）" は、「聞こえない」を意味します。

(6) 4　又……又……

这个西瓜又大又甜。Zhège xīguā yòu dà yòu tián.
（このスイカは大きくて甘いです。）
"又（yòu）〜又（yòu）〜" は「（2 つ以上の動作や状態を並列させ）〜でもあり〜でもある」という表現として使います。ここでは、スイカが「大きくて甘い」という意味になります。

(7) 4　把

小刘把书还给我了。Xiǎo Liú bǎ shū huán gěi wǒ le.
（劉さんは本を返してきました。）
介詞 "把" は目的語を動詞の前に出し、「"把"＋目的語＋動詞＋プラスα」の語順で用います。

(8) 1 根　　　　　来来来，抽一根烟吧。Lái lái lái, chōu yì gēn yān ba.
　　　　　　　　（さあ、タバコをすいませんか）
　　　　　　　　量詞 "根（gēn）" は「（タバコ，棒，マッチ，柱など
　　　　　　　　の数を数える）本」の意味になります。

(9) 3 或者……或者……　或者你去，或者我去，都可以。
　　　　　　　　Huòzhě nǐ qù, huòzhě wǒ qù, dōu kěyǐ.
　　　　　　　　（あなたが行っても私がいっても構いません。）
　　　　　　　　主語が異なる2つの文を接続する場合，"或者……
　　　　　　　　或者……" を用い「〜しても、〜しても」の意味に
　　　　　　　　なります。

(10) 3 下去　　　　你应该好好儿学下去。Nǐ yīnggāi hǎohāor xuéxiaqu.
　　　　　　　　（あなたはしっかり勉強を続けるべきです。）
　　　　　　　　"学下去" は「動詞＋方向補語」で、「勉強を継続し
　　　　　　　　てする」を意味します。

3 1.

(1) 4　我们打算开车去他家。Wǒmen dǎsuan kāichē qù tā jiā.
　　　　"开车"（車を運転する）と "去他家"（彼の家へ行く）の2つの動作
　　　　は行われる順番にします。

(2) 2　我没有小王那么高。Wǒ méiyou Xiǎo Wáng nàme gāo.
　　　　比較文 "A 没有 B 〜" は「A は B ほど〜ではありません」を表します。

(3) 2　昨天他买的是什么书？ Zuótiān tā mǎi de shì shénme shū?
　　　　"什么" は名詞の前に置き連体修飾語となる。「どんな、どういう」
　　　　の意味になります。

(4) 3　她走着去水果店。Tā zǒuzhe qù shuǐguǒ diàn.
　　　　"動詞1＋着（zhe）" は、動詞2の動作がどのような方法で行われる
　　　　かを表す。ここでは「歩いて行く」を表します。

(5) 1　昨天你去医院了没有？ Zuótiān nǐ qù yīyuàn le méiyou?
　　　　語尾に "没有？" を置くことで疑問文になります。

2.

(6) 1 多少　桔子多少钱一斤？ Júzi duōshao qián yì jīn?
　　　　　　"多少钱" は値段を尋ねる「いくら？」を意味し、"一斤（yì
　　　　　　jīn）" は500グラムを表します。

(7) 1 有点　她做的菜有点油腻。Tā zuò de cài yǒudiǎn yóunì.
　　　　　　"有点（儿）＋形容詞" は「少し、ちょっと〜」の意味です。

(8) 3　比　这辆车比那辆车贵。Zhè liàng chē bǐ nà liàng chē guì.

比较文 "A 比 B＋形容詞" は「A は B より～です」を表します。

(9) 4　电脑　请把电脑打开。Qǐng bǎ diànnǎo dǎkāi.

"把＋目的語＋動詞"の形で使われます。また "请" は "把" の前に置かれます。

(10) 3　东京　我们学校在东京东边。Wǒmen xuéxiào zài Dōngjīng dōngbian.
（私たちの学校は東京の東側にあります）

"主語＋在＋場所詞"で存在を表します。

4

　　今天是星期天，早上张明来接我，我们去他家过春节。我是日本留学生，是今年九月来（ 1 ）北京。这是我第一次去中国人家里做客。在中国，春节是最重要的传统节日。春节一般放三天假，加上星期六和星期天，有的时候可以休息一个星期左右。张明家在天津，我们（ 2 ）坐地铁到高铁站，（ 2 ）坐高铁去天津。天津（ 3 ）北京有100多公里。坐高铁去大概要40分钟左右。张明（ 4 ）我在网上预约了车票，所以到了高铁站之后，我们在窗口取了车票就进去了，非常顺利。（ 5 ）过春节的时候，晚上要在家里包饺子，我正好可以学习一下。

　　Jīntiān shì xīngqītiān, zǎoshang Zhāng Míng lái jiē wǒ, wǒmen qù tā jiā guò Chūnjié. Wǒ shì Rìběn liúxuéshēng, shì jīnnián jiǔyuè lái（ 1 ）Běijīng. Zhè shì wǒ dì-yī cì qù Zhōngguórén jiā li zuòkè. Zài Zhōngguó, Chūnjié shì zuì zhòngyào de chuántǒng jiérì. Chūnjié yìbān fàng sān tiān jià, jiāshang xīngqīliù hé xīngqītiān, yǒu de shíhou kěyǐ xiūxi yí ge xīngqī zuǒyòu. Zhāng Míng jiā zài Tiānjīn, wǒmen（ 2 ）zuò dìtiě dào gāotiězhàn,（ 2 ）zuò gāotiě qù Tiānjīn. Tiānjīn（ 3 ）Běijīng yǒu yìbǎi duō gōnglǐ. Zuò gāotiě qù dàgài yào sìshí fēnzhōng zuǒyòu. Zhāng Míng（ 4 ）wǒ zài wǎngshang yùyuēle chēpiào, suǒyǐ dàole gāotiězhàn zhīhòu, wǒmen zài chuāngkǒu qǔle chēpiào jiù jìnqu le, fēicháng shùnlì.（ 5 ）guò Chūnjié de shíhou, wǎnshang yào zài jiā li bāo jiǎozi, wǒ zhènghǎo kěyǐ xuéxí yíxià.

　　今日は日曜日で、朝は張明さんが私を迎えに来て彼の家で春節を過ごしました。私は日本人留学生で、今年の９月に北京に来ました。今回私は初めて中国人の家を訪問します。中国では春節は最も重要な伝統的な祝日です。春節は一般的に３日間休みで土曜と日曜を合わせて、あるときは１週間近く休みになります。張明さんの家は天津にあり、高速鉄道駅まで地下鉄に乗り、高速鉄道で天津に行きました。天津は北京から100キロ余りあります。高速鉄道で大体40分程度かかります。張明さんはインターネットでチケットを予約してくれたので、高速鉄道駅に着いてから窓口でチケットを受け取るだけで入れて、とても楽でした。聞くところによると春節のとき、夜には家で餃子を作るそうなので、私もちょうど学びたいと思います。

(1) 空欄 （1） を埋めるのに適当なものは、次のどれか。
　　①得 dé　　　②了 le　　　③过 guo　　　④的 de
　　☞ 発生済みの動作、行為について、それが行われた時間、場所、方式あるいはその
　　　実行者などを強調する“是……的”構文。ここでは、「今年九月」という来日の
　　　時間を強調して述べます。

(2) 空欄 （2） を埋めるのに適当なものは、次のどれか。
　　①一……就 yī …… jiù　　　　②先……然后 xiān …… ránhòu
　　③先……又 xiān …… yòu　　　④又……又 yòu …… yòu
　　☞ 文脈から「まず地下鉄で高鐵の駅へ行き、それから高鐵で天津に行く」から、順
　　　番を表す“先……然后 xiān …… ránhòu”がここに入ります。同じ意味を表す“先
　　　……再 xiān …… zài”もここに用いることができます。

(3) 空欄 （3） を埋めるのに適当なものは、次のどれか。
　　①从 cóng　　②到 dào　　　③离 lí　　　④往 wǎng
　　☞ 「AはBから〜キロある」のように、2点間の隔たりを指す場合は“A 离 lí B ……”
　　　で表します。なお、①の“从 cóng”を使う場合は、ここでは、“从天津到北京有100
　　　多公里”のように用います。

(4) 空欄 （4） を埋めるのに**適当ではない**ものは、次のどれか。
　　①给 gěi　　　②帮 bāng　　　③替 tì　　　④把 bǎ
　　☞ ここでは、①も②も「〜のために」の意で、③は「〜のかわりに」という意味を
　　　表します。④の“把 bǎ”を用いる場合は、“张明把车票预约好了”のような“把”
　　　構文を作らなければなりません。

(5) 空欄 （5） を埋めるのに適当なものは、次のどれか。
　　①看上去 kàn shàngqu　　②看来 kànlái　　③听说 tīngshuō　　④你看 nǐ kàn
　　☞ 文脈から「聞くところによると」という意を表す“听说 tīngshuō”がここに入りま
　　　す。

(6) 本文の内容と**一致しない**ものは、次のどれか。
　　①春节放假时间很长。Chūnjié fàngjià shíjiān hěn cháng.
　　　（春節の休みは長いです。）
　　②我经常去中国人家里做客。Wǒ jīngcháng qù Zhōngguórén jiā li zuòkè.
　　　（私はよく中国人の家を尋ねます。）
　　③从北京到天津有100多公里。Cóng Běijīng dào Tiānjīn yǒu yìbǎi duō gōnglǐ.
　　　（北京から天津までは100キロメートルぐらいです。）
　　④春节的晚上得在家里包饺子。Chūnjié de wǎnshang děi zài jiā li bāo jiǎozi.
　　　（春節の夜は家で餃子を作るものです。）
　　☞ 第2行に“这是我第一次去中国人家里做客”「今回私は初めて中国人の家を訪問
　　　します」があるため、②は本文の内容に合わない選択肢です。

（1）她喝了两杯咖啡。Tā hēle liǎng bēi kāfēi.

（彼女はコーヒーを2杯飲みました。）

量詞"杯（bēi）"は「（杯やコップなどの容器を単位として、液体の量を数える）杯」の意味になりなす。

（2）我们在食堂吃午饭吧。Wǒmen zài shítáng chī wǔfàn ba.

（私たちは食堂で昼ごはんを食べましょうか。）

在＋場所＋動詞"で「（場所）で～する」を意味します。

（3）这本词典多少钱？Zhè běn cídiǎn duōshao qián?（この辞書はいくらですか。）

"多少钱"は値段を尋ねる「いくら？」を意味します。

（4）去北京站怎么走？Qù Běijīng Zhàn zěnme zǒu?

（北京駅にはどういったらいいですか。）

疑問代詞"怎么"は、動作を表す動詞の前に置き、「どのように」の意味になります。

（5）他每天骑自行车上学。Tā měi tiān qí zìxíngchē shàngxué.

（彼は毎日自転車で通学します。）

"开车"（車を運転する）と"去他家"（彼の家へ行く）の2つの動作は行われる順番にします。

1 (1)～(10)の中国語の問いを聞き、答えとして最も適当なものを、それぞれ①～④の中から1つ選びなさい。

(211) (1) 你会说汉语吗? Nǐ huì shuō Hànyǔ ma?（あなたは中国語話せますか）
①我学过英语。Wǒ xuéguo Yīngyǔ.（私は英語習ったことがあります）
②我不会韩语。Wǒ bú huì Hányǔ.（私は韓国語ができません）
③我喜欢中国。Wǒ xǐhuan Zhōngguó.（私は中国が好きです）
④我会说一点儿。Wǒ huì shuō yìdiǎnr.（私は少ししか話せません）

(212) (2) 他家有几口人? Tā jiā yǒu jǐ kǒu rén?（彼は何人家族ですか）
①他家在东京。Tā jiā zài Dōngjīng.（彼の家は東京にあります）
②他家有四口人。Tā jiā yǒu sì kǒu rén.（彼は4人家族です）
③我家有三口人。Wǒ jiā yǒu sān kǒu rén.（私の家は3人家族です）
④他爸爸是老师。Tā bàba shì lǎoshī.（彼の父は教師です）

(213) (3) 我们明天在哪儿见面? Wǒmen míngtiān zài nǎr jiànmiàn?
（私たちは明日どこで会いましょうか）
①宿舍门口见。Sùshè ménkǒu jiàn.（寮の入口で会いましょう）
②下午去超市。Xiàwǔ qù chāoshì.（午後はスーパーへ行きます）
③在教室聊天。Zài jiàoshì liáotiān.（教室でおしゃべりしています）
④在食堂吃饭。Zài shítáng chīfàn.（食堂でご飯を食べています）

(214) (4) 你是怎么来的? Nǐ shì zěnme lái de?
（あなたはどうやって来たのですか）
①三点半来的。Sān diǎn bàn lái de.（3時半に来たのです）
②我是打车来的。Wǒ shì dǎ chē lái de.（タクシーで来ました）
③我每天坐公交车来。Wǒ měitiān zuò gōngjiāochē lái.
（私は毎日バスで来ます）
④我会开车。Wǒ huì kāichē.（私は運転ができます）

(215) (5) 日语发音很难，是不是? Rìyǔ fāyīn hěn nán, shì bu shì?
（日本語は発音が難しいんじゃないですか）
①韩语发音也很难。Hányǔ fāyīn yě hěn nán.
（韓国語の発音も難しいです）
②是的，我觉得很难。Shìde, wǒ juéde hěn nán.
（はい、難しいと思います）
③日语语法不太难。Rìyǔ yǔfǎ bú tài nán.
（日本語文法はあまり難しくないです）
④我学过两年日语。Wǒ xuéguo liǎng nián Rìyǔ.
（私は日本語を2年間勉強しました）

(216) (6) 这是谁的电子辞典? Zhè shì shéi de diànzǐ cídiǎn?
（これは誰の電子辞書ですか）
①这是昨天买的。Zhè shì zuótiān mǎi de.（これは昨日買ったものです）
②这是电子辞典。Zhè shì diànzǐ cídiǎn.（これは電子辞書です）
③那是小刘的。Nà shì Xiǎo Liú de.（それは劉さんのです）
④那是一本杂志。Nà shì yì běn zázhì.（それは 1 冊の雑誌です）

(217) (7) 你几点出发的? Nǐ jǐ diǎn chūfā de?（あなたはいつ出発したのですか）
①我下午三点回家的。Wǒ xiàwǔ sān diǎn huíjiā de.
（私は午後 3 時に家に帰りました）
②我十点去上课的。Wǒ shí diǎn qù shàngkè de.
（私は10時に授業へ行きました）
③他下午两点回来了。Tā xiàwǔ liǎng diǎn huílai le.
（彼は午後 2 時に帰りました）
④我上午十点出发的。Wǒ shàngwǔ shí diǎn chūfā de.
（私は午前10時に出発しました）

(218) (8) 你考试考得怎么样? Nǐ kǎoshì kǎo de zěnmeyàng?
（試験はどうでしたか）
①我觉得还行吧。Wǒ juéde hái xíng ba.（まあまあいいと思います）
②昨天考了。Zuótiān kǎo le.（昨日やりました）
③日语考试。Rìyǔ kǎoshì.（日本語テスト）
④他考试考得挺好。Tā kǎoshì kǎo de tǐng hǎo.
（彼は試験はよくできました）

(219) (9) 你老家的冬天很冷吧? Nǐ lǎojiā de dōngtiān hěn lěng ba?
（あなたの故郷の冬は寒いでしょう）
①对，我老家的夏天很热。Duì, wǒ lǎojiā de xiàtiān hěn rè.
（はい、故郷の夏はとても暑いです）
②不，冬天不热。Bù, dōngtiān bú rè.（いいえ、冬は暑くないです）
③不，夏天也很冷。Bù, xiàtiān yě hěn lěng.（いいえ、夏も寒いです）
④不，我老家的冬天不冷。Bù, wǒ lǎojiā de dōngtiān bù lěng.
（いいえ、私の故郷の冬は寒くはないです）

(220) (10) 你想吃苹果，还是想吃香蕉?
Nǐ xiǎng chī píngguǒ, háishi xiǎng chī xiāngjiāo?
（リンゴかバナナかどちらが食べたいですか）
①他想吃苹果。Tā xiǎng chī píngguǒ.（彼はリンゴが食べたいです）
②我想吃香蕉。Wǒ xiǎng chī xiāngjiāo.（私はバナナが食べたいです）
③我买香蕉了。Wǒ mǎi xiāngjiāo le.（私はバナナを買いました）
④我也喜欢苹果。Wǒ yě xǐhuan píngguǒ.（私もリンゴが好きです）

2 中国語を聞き、(1)～(10) の問いの答えとして最も適当なものを、それぞ
れ①～④の中から1つ選びなさい。

🔊(221)

長文聴解 (1) ～ (5)

A：你爸爸做什么工作?
B：他在一家酒店工作。
A：他一般什么时候休息?
B：星期六和星期天最忙，不能休息。一般星期一到星期五休两天，还不能
　　连休。
A：那他很少跟家人出去?
B：对，但是下个月爸爸和我们去旅游庆祝妹妹18岁生日。
A：你送什么礼物?
B：我想送妹妹一个特别可爱的洋娃娃。
A：你们打算去哪儿玩儿?
B：我们想去箱根。爸爸答应妹妹的，之前因为忙一直没去。
A：爸爸下个月周末休息?
B：对，爸爸要辞职了。
A：为什么?
B：爸爸想多陪陪家人正在准备开一家饭店，以后休息时间可以自己定了。
A：这真是妹妹最好的生日礼物啊！
B：是啊，我也很想和爸爸一起出去玩儿呢，可爸爸之前工资很高，妈妈有
　　点舍不得爸爸之前的工作呢。

A：Nǐ bàba zuò shénme gōngzuò?
B：Tā zài yì jiā jiǔdiàn gōngzuò.
A：Tā yìbān shénme shíhou xiūxi?
B：Xīngqīliù hé xīngqītiān zuì máng, bù néng xiūxi. Yìbān xīngqīyī dào xīngqīwǔ
　　xiū liǎng tiān, hái bù néng liánxiū.
A：Nà tā hěn shǎo gēn jiārén chūqù?
B：Duì, dànshì xià ge yuè bàba hé wǒmen qù lǚyóu qìngzhù mèimei shíbā suì
　　shēngri.
A：Nǐ sòng shénme lǐwù?
B：Wǒ xiǎng sòng mèimei yí ge tèbié kě'ài de yáng wáwa.
A：Nǐmen dǎsuan qù nǎr wánr?
B：Wǒmen qù Xiānggēn. Bàba dāying mèimei de, zhīqián yīnwèi máng yìzhí méi
　　qù.
A：Bàba xià ge yuè zhōumò xiūxi?
B：Duì, bàba yào cízhí le.
A：Wèishénme?
B：Bàba xiǎng duō péipei jiārén zhèngzài zhǔnbèi kāi yì jiā fàndiàn, yǐhòu xiūxi
　　shíjiān kěyǐ zìjǐ dìng le.

A : Zhè zhēnshì mèimei zuìhǎo de shēngri lǐwù a!

B : Shì a, wǒ yě hěn xiǎng hé bàba yìqǐ chūqù wánr ne, kě bàba zhīqián gōngzī hěn gāo, māma yǒudiǎn shěbude bàba zhīqián de gōngzuò ne.

日本語訳

A：お父さんはどんな仕事をしていますか？

B：ホテルで働いています。

A：彼は普段いつが休みですか？

B：土曜日と日曜日が一番忙しいので、休めません。普通月曜日から金曜日のうち2日間休めますが、まだ連休にはできないです。

A：家族とあまり出かけないの？

B：そうです、でも来月は家族と旅行に行って妹の18歳の誕生日をお祝いします。

A：何をプレゼントしたいですか？

B：とてもかわいい西洋人形にしたいです。

A：どこに遊びに行く予定ですか？

B：私たちは箱根に行きます。父が妹（の要望）に応えたのです。今までは忙しくて行けなかった。

A：お父さんは来月は週末に休めるの？

B：いいえ、お父さんは会社を辞めました。

A：どうして？

B：お父さんは家族ともっと一緒にいたいので、レストランをやろうと思っています。これから休みは自分で決められます。

A：それは妹の最高の誕生日プレゼントですね！

B：ええ、私もお父さんと一緒に遊びに行きたいのです、以前お父さんの給料が高かったので、お母さんは少しもったいないと思っています。

（1）爸爸现在在哪儿工作？ Bàba xiànzài zài nǎr gōngzuò?
　　（お父さん今はどこで働いていますか）
　　　①酒店。jiǔdiàn.（ホテル）
　　　②旅行社。lǚxíngshè.（旅行会社）
　　　③餐厅。cāntīng.（レストラン）
　　　④公司。gōngsī.（会社）

（2）爸爸的休息日可能是哪两天？ Bàba de xiūxirì kěnéng shì nǎ liǎng tiān?
　　（お父さんはどの2日休みますか）
　　　①周五和周日。zhōuwǔ hé zhōurì.（金曜日と日曜日）
　　　②周六和周日。zhōuliù hé zhōurì.（土曜日と日曜日）
　　　③周一和周二。zhōuyī hé zhōu'èr.（月曜日と火曜日）
　　　④周三和周五。zhōusān hé zhōuwǔ.（水曜日と金曜日）

(3) 为什么爸爸下个月可以陪家人一起玩儿?
Wèishénme bàba xià ge yuè kěyǐ péi jiārén yìqǐ wánr?
（なぜお父さんは来月家族と一緒に遊べますか）
①因为请假了。Yīnwèi qǐngjià le.（休暇を取ったから）
②因为妹妹生日。Yīnwèi mèimei shēngri.（妹の誕生日ですから）
③因为爸爸要辞职了。Yīnwèi bàba yào cízhí le.
（お父さんはまもなく仕事をやめますから）
④因为答应了妹妹。Yīnwèi dāying le mèimei.（妹と約束しましたから）

(4) 妹妹最好的生日礼物是什么? Mèimei zuìhǎo de shēngri lǐwù shì shénme?
（妹の最高の誕生日プレゼントはなんですか）
①去旅行。Qù lǚxíng.（旅行）
②爸爸开饭店。Bàba kāi fàndiàn.
（お父さんがレストランをオープンしたこと）
③洋娃娃。Yáng wáwa.（西洋人形）
④爸爸的陪伴。Bàba de péibàn.（お父さんの付き添い）

(5) 谁不希望爸爸辞职? Shéi bù xīwàng bàba cízhí?
（誰がお父さんの辞めるのを望まないですか）
①妈妈。māma.（母）
②爸爸。bàba.（父）
③我。wǒ.（私）
④妹妹。mèimei.（妹）

長文聴解 (6) ～ (10)

　　我们公司总部在东京，在中国也有好几家分公司。分别在上海、北京、大连和沈阳。明天下午我坐两点的飞机去北京分公司出差。从东京到北京只要四个半小时，正好能赶上晚上八点的会议。原来有同事到首都机场来接我。但是这次我带的东西不多，所以我决定自己坐机场大巴去分公司。这次要算上周末可以呆一周，工作日五天就可以完成工作了，所以周末打算抽空在北京玩儿一玩儿。

　　Wǒmen gōngsī zǒngbù zài Dōngjīng, zài Zhōngguó yě yǒu hǎo jǐ jiā fēngōngsī. Fēnbié zài Shànghǎi, Běijīng, Dàlián hé Shěnyáng. Míngtiān xiàwǔ wǒ zuò liǎng diǎn de fēijī qù Běijīng fēngōngsī chūchāi. Cóng Dōngjīng dào Běijīng zhǐyào sì ge bàn xiǎoshí, zhènghǎo néng gǎnshàng wǎnshang bā diǎn de huìyì. Yuánlái yǒu tóngshì dào Shǒudū Jīchǎng lái jiē wǒ. Dànshì zhè cì wǒ dài de dōngxi bù duō, suǒyǐ wǒ juédìng zìjǐ zuò jīchǎng dàbā qù fēngōngsī. Zhè cì yào suàn shàng zhōumò kěyǐ dāi yìzhōu, gōngzuòrì wǔ tiān jiù kěyǐ wánchéng gōngzuò le, suǒyǐ zhōumò dǎsuan chōukòng zài Běijīng wánryiwánr.

　わが社の本社は東京にあって、中国にもいくつかの支社があります。それぞれ上海、北京、大連、瀋陽にあります。明日の午後2時の飛行機で北京支社に出張します。東京から北京まで4時間半かかります。ちょうど夜8時の会議に間に合います。もともとは首都空港に同僚が迎えに来る予定でしたが、今回は荷物があまり多くないので、空港バスで自分で支社に行くことにしました。今回は先週末も含めて1週間滞在でき、平日の5日間で仕事を済ませるので、休日は暇を見つけて北京で遊びに行くつもりです。

(6) 公司总部在哪个城市?　Gōngsī zǒngbù zài nǎge chéngshì?
　　（会社の本部はどの都市にありますか）
　　①北京。Běijīng.（北京）
　　②东京。Dōngjīng.（東京）
　　③沈阳。Shěnyáng.（瀋陽）
　　④大连。Dàlián.（大連）

(7) 哪个城市没有分公司?　Nǎge chéngshì méiyǒu fēngōngsī?
　　（どの都市に支社がありませんか）
　　①广州。Guǎngzhōu.（広州）
　　②大连。Dàlián.（大連）
　　③上海。Shànghǎi.（上海）
　　④北京。Běijīng.（北京）

(8) 我为什么要去北京?　Wǒ wèishénme yào qù Běijīng?
　　（なぜ私は北京へ行きますか）
　　①玩儿一玩儿。wánryiwánr.（遊ぶ）
　　②出差。chūchāi.（出張）
　　③给同事送特产。gěi tóngshì sòng tèchǎn.（同僚にお土産を送る）
　　④找工作。zhǎo gōngzuò.（仕事探し）

(9) 我为什么要坐下午两点的飞机?
　　Wǒ wèishénme yào zuò xiàwǔ liǎng diǎn de fēijī?
　　（なぜ午後2時の飛行機に乗るのですか）
　　①让同事能来接我。Ràng tóngshì néng lái jiē wǒ.
　　　（同僚に迎えてもらえる）
　　②可以按时吃晚饭。Kěyǐ ànshí chī wǎnfàn.
　　　（時間通りに晩ご飯を食べられる）
　　③能赶上晚上的会议。Néng gǎnshang wǎnshang de huìyì.
　　　（夜のミーティングに間に合う）
　　④早点儿过去玩儿。Zǎodiǎnr guòqu wánr.（早く行って遊ぶ）

（10）我这次去北京有几天玩儿的时间?
　　Wǒ zhècì qù Běijīng yǒu jǐ tiān wánr de shíjiān?
　　（今回北京へ行くのは何日間遊べますか）
　　①两天。liǎng tiān.（2日間）
　　②五天。wǔ tiān.（5日間）
　　③六天。liù tiān.（6日間）
　　④七天。qī tiān.（7日間）

1 1.

(1) 3　地球（dìqiú）：（名）地球
　　　　磁帯（cídài）：（名）テープ
　　　　食物（shíwù）：（名）食物
　　　　邮票（yóupiào）：（名）切手

(2) 2　面前（miànqián）：（方）目の前
　　　　最近（zuìjìn）：（名）最近
　　　　正确（zhèngquè）：（形）正確である
　　　　计划（jìhuà）：（名）計画、企画（動）計画する

(3) 4　信封（xìnfēng）：（名）封筒
　　　　电影（diànyǐng）：（名）映画
　　　　上海（Shànghǎi）：（名）上海
　　　　办法（bànfǎ）：（名）やり方、方法

(4) 1　牛奶（niúnǎi）：（名）牛乳
　　　　南方（nánfāng）：（方）南の方（名）南方
　　　　旁边（pángbiān）：（方）そば、傍ら
　　　　提高（tígāo）：（動）高める

(5) 4　自己（zìjǐ）：（代）自己、自分
　　　　继续（jìxù）：（名）継続（動）継続する
　　　　变化（biànhuà）：（名）変化（動）変化する
　　　　世界（shìjiè）：（名）世界

2.

(6) 4　bàngwǎn 傍晚：（名）夕方

(7) 2　pīpíng 批评：（動）批判する

(8) 1　zhuānyè 专业：（名）専攻、専門（形）専門の

(9) 3　mǎnyì 满意：（動）満足する（形）満足している

(10) 2　pīnmìng 拼命：（動）一生懸命やる

2

(1) 1 离 　这儿离那儿远不远？ Zhèr lí nàr yuǎn bu yuǎn?
　　　　（ここはあそこから遠いですか）
　　　　介詞 "离（lí）" は、時間的あるいは空間的な距離を示し「〜
　　　　から」を表します。形容詞 "远" の「肯定形＋否定形」を用
　　　　いた形で、反復疑問文になります。

(2) 4 跟 　我今天跟同学有聚会。 Wǒ jīntiān gēn tóngxué yǒu jùhuì.
　　　　（私は今日クラスメートとの集まりがあります。）
　　　　"A 跟 B 〜" で「A と B は〜」の意味を表します。"A 和 B 〜"
　　　　を使っても同じ意味となります。

(3) 3 多少 　你们公司有多少员工？ Nǐmen gōngsī yǒu duōshao yuángōng?
　　　　（あなたたちの会社は何人の社員のがいますか。）
　　　　代詞 "多少（duōshao）" は「どれくらい」の意味で質問する際
　　　　に使います。

(4) 1 应该 　我应该好好儿学汉语。 Wǒ yīnggāi hǎohāor xué Hànyǔ.
　　　　（私はちゃんと中国語を勉強すべきです。）
　　　　"好好儿（hǎohāor）" は「ちゃんと」「よく」を表し、後ろに動
　　　　詞を置きます。

(5) 4 想 　你想吃什么菜？ Nǐ xiǎng chī shénme cài?
　　　　（あなたはどんな料理を食べたいですか。）
　　　　"什么" は名詞の前に置き連体修飾語となる。「どんな、どうい
　　　　う」の意味になり、ここでは「どんな料理」の意味になります。

(6) 4 对 　男朋友对我挺好。 Nánpéngyou duì wǒ tǐng hǎo.
　　　　（彼氏は私にやさしいです。）
　　　　"A＋对＋B〜" は、「A は B に（対して）」の意味で用います。

(7) 2 懂 　我看不懂中文报纸。 Wǒ kànbudǒng Zhōngwén bàozhǐ.
　　　　（私は中国語の新聞が読めません。）
　　　　"動詞＋不＋結果補語" の形で使われ、ここでの "看不懂
　　　　（kànbudǒng）" は、「読んで理解できない」を意味します。

(8) 3 把 　请把桌子收拾一下。 Qǐng bǎ zhuōzi shōushi yíxià.
　　　　（ちょっとテーブルを片付けてください。）
　　　　"把＋目的語＋動詞＋プラス α" の形で使われます。また "请"
　　　　は "把" の前に置かれます。

(9) 1　在　你爸爸在哪个公司工作?　Nǐ bàba zài nǎge gōngsī gōngzuò?
（お父さんはどちらの会社で働いていますか。）
"哪个＋名詞"の形で用い、「どの」の意味になり、ここでは「どの会社」の意味になります。

(10) 4　什么　我们今天下午在什么地方见面?
Wǒmen jīntiān xiàwǔ zài shénme dìfang jiànmiàn?
（私たちは今日午後どこで会いますか。）
「どこで」"在什么地方 (zài shénme dìfang)" は「会う」"见面 (jiàn miàn)" の前に置きます。

3 1.

(1) 1　你知道小王去哪儿了吗?　Nǐ zhīdao Xiǎo Wáng qù nǎr le ma?
"去哪儿"は「どこへ行く」の意味で、疑問形は語尾に "吗" を付けます。

(2) 3　这些海鲜不是在超市买的。Zhèxiē hǎixiān bú shì zài chāoshì mǎi de.
"是……的"はすでに行われた動作について、それがどのように実現されたのかを表現する場合に用い、否定形は "不是……的" にします。

(3) 4　我们等小王等了半个小时。Wǒmen děng Xiǎo Wáng děngle bàn ge xiǎoshí.
"動詞＋目的語＋動詞＋（了）＋動作量"の形で表わし、動作量（時間量、数量、回数など）は "V＋O＋V" の後に入れます。

(4) 2　这些菜都被我们吃光了。Zhèxiē cài dōu bèi wǒmen chīguāng le.
"動詞＋光＋了"の形で「すべてなくなる」を表す。ここでは「すべてなくなるまで食べる」を意味します。

(5) 2　妈妈不让我玩儿电脑。Māma bú ràng wǒ wánr diànnǎo.
使役の "让 (ràng)"「～させる」をは否定するとき "不" をその前に置く。"电脑 (diànnǎo)" は「電脳」の簡体字で、「パソコン」の意味です。

2.

(6) 4　超市　我们先去超市买东西吗?　Wǒmen xiān qù chāoshì mǎi dōngxi ma?
"去超市"（スーパーへ行く）と "买东西"（買い物をする）の2つの動作は行われる順番にします。

(7) 1　朋友　我想和朋友一起去中国留学。
Wǒ xiǎng hé péngyou yìqǐ qù Zhōngguó liúxué.
"A 和 B 一起～"で「A と B はいっしょに～」の意味を表します。

(8) 1　回去　她走着回去了。Tā zǒuzhe huíqu le.

"動詞1＋着（zhe）"は、動詞2の動作がどのような方法で行われるかを表す。ここでは「歩いて戻る」を表します。

(9) 2 做 　你想做什么工作? Nǐ xiǎng zuò shénme gōngzuò?
"什么"は名詞の前に置き連体修飾語となる。「どんな、どういう」の意味になり、ここでは「どんな仕事」の意味になります。

(10) 1 打 　我被他打了。 Wǒ bèi tā dǎ le.
受身の介詞"被（bèi）"は「～される」の意味になり、「動作を受けるもの＋被＋動作を実行するもの＋動詞＋位置成分」の形を用います。

4

　我们学校附近有一家便利店。昨天晚上我去那儿买东西的时候，在店里遇见了一个日本人。她好像正在找什么。我就走（ 1 ）问她："你好！我能帮你吗?"她说："我是日本留学生，（ 2 ）来中国一个星期。请问，手机卡在（ 3 ）地方?"我跟她说："手机卡就在那边，我带你去吧。不过，你的发音不太清楚。是'手机'，不是'手七'。"日本留学生说："真对不起，我发音发（ 4 ）不太好。我学了一年汉语了，有很多音还是发（ 5 ）好。"我说："没关系，我也是大学生，现在上二年级，我们互相学习吧。"

　Wǒmen xuéxiào fùjìn yǒu yì jiā biànlìdiàn. Zuótiān wǎnshang wǒ qù nàr mǎi dōngxi de shíhou, zài diàn li yùjiànle yí ge Rìběnrén. Tā hǎoxiàng zhèngzài zhǎo shénme. Wǒ jiù zǒu（ 1 ）wèn tā: "Nǐ hǎo! Wǒ néng bāng nǐ ma?" Tā shuō : "Wǒ shì Rìběn liúxuéshēng,（ 2 ）lái Zhōngguó yí ge xīngqī. Qǐngwèn, shǒujīkǎ zài（ 3 ）dìfang?" Wǒ gēn tā shuō: "Shǒujīkǎ jiù zài nàbian, wǒ dài nǐ qù ba. Búguò, nǐ de fāyīn bú tài qīngchu. Shì 'shǒujī', búshì 'shǒu qī'. "Rìběn liúxuéshēng shuō:" Zhēn duìbuqǐ, wǒ fāyīn fā（ 4 ）bú tài hǎo. Wǒ xuéle yì nián Hànyǔ le, yǒu hěn duō yīn háishi fā（ 5 ）hǎo." Wǒ shuō: "Méi guānxi, wǒ yě shì dàxuéshēng, xiànzài shàng èr niánjí, wǒmen hùxiāng xuéxí ba."

　私たちの学校の近くにはコンビニがあります。昨夜、買い物に行ったとき、店に1人の日本人がいました。彼女は何かを探しているようでした。私は近くに行って聞きました。「こんにちは。何かお探しですか？」彼女は「私は日本人留学生で中国に来て1週間です。すみませんが、（携帯用の）SIMカードはどこにありますか」と言いました。「（携帯用の）SIMカードはあちらにありますよ、案内しましょう。でもあなたの発音はあまりはっきりしていないです。'手机'で'手七'ではないです」日本人留学生は「ごめんなさい。私の発音はあまりよくありません。中国語を勉強して1年なので、まだたくさんの発音がうまくできません」。私は「大丈夫です。私も大学生で今2年生です。お互いに勉強しましょう」と言いました。

(1) 空欄（1）を埋めるのに適当なものは、次のどれか。
　　①起来 qǐlai　　②过来 guòlai　　③过去 guòqu　　④出去 chūqu
　　☞「私」は「彼女」のところ（向こう）へ行くので、"过去 guòqu" が正解となります。

(2) 空欄（2）を埋めるのに適当なものは、次のどれか。
　　①就 jiù　　　　②先 xiān　　　　③只 zhǐ　　　　④刚 gāng
　　☞文脈よりここに "刚 gāng"「～したばかりである」が入ります。

(3) 空欄（3）を埋めるのに適当なものは、次のどれか。
　　①什么 shénme　②哪里 nǎli　　　③怎么 zěnme　　④为什么 wèishénme
　　☞①の "什么 shénme" と後ろに来ている "地方 dìfang" と合わせて、"什么地方" で「ど
　　こ」の意味を表す疑問詞となります。

(4) 空欄（4）を埋めるのに適当なものは、次のどれか。
　　①的 de　　　　②地 dì　　　　　③得 de　　　　　④了 le
　　☞"得 de" 様態補語を導く構造助詞。"我发音发得不太好" のように「動詞＋目的語
　　＋動詞＋得＋様態補語」の語順で作ります。最初の動詞は省略できるので、"我音
　　发得不太好" と言うこともできます。

(5) 空欄（5）を埋めるのに適当なものは、次のどれか。
　　①得 de　　　　②不 bù　　　　　③不能 bù néng　　④不是 bú shì
　　☞"有很多音还是发不好" の "发不好" は「動詞＋可能補語」の表現。「よく発音で
　　きる」という肯定形は "发得好"「動詞＋得＋結果補語」、ここでは、否定形「動
　　詞＋不＋結果補語」が用いられます。

(6) 本文の内容と<u>一致しない</u>ものは、次のどれか。
　　①她来中国学了一年汉语。Tā lái Zhōngguó xuéle yì nián Hànyǔ.
　　　（彼女は中国に来てから一年間中国語を習いました。）
　　②我是大学生，现在上二年级。Wǒ shì dàxuéshēng, xiànzài shàng èr niánjí.
　　　（私は大学生で、今は二年生です。）
　　③我帮她买到了手机卡。Wǒ bāng tā mǎidàole shǒujīkǎ.
　　　（私は彼女が携帯を買うのを手伝ってやりました。）
　　④她的汉语发音不太好。Tā de Hànyǔ fāyīn bú tài hǎo.
　　　（彼女の中国語の発音はあまり良くないです。）
　　☞第3行に "刚来中国一个星期" とあるので、①の内容は本文と一致していません。

5

(1) 他（是）六点回来的。Tā (shì) liù diǎn huílai de.
　　（彼は6時に帰って来たのです。）
　　"是～的" は、すでに行われた動作について、「誰が」「いつ」「どこ」「ど
　　のように」行われたかを説明する場合やその説明を求める場合に用います。

(2)（我）妹妹会说英语。(Wǒ) mèimei huì shuō Yīngyǔ.（妹は英語が話せます。）
　　助動詞 "会（huì）" は「〜できる」を意味し動詞の前に置きます。

(3) 昨天下大雪了。Zuótiān xià dàxuě le.（きのう大雪が降りました。）
　　"下大雪（xià dàxuě)" で「(雨や雪が) ひどく降る」の意味になります。

(4) 他（正）在打电话（呢）。Tā (zhèng) zài dǎ diànhuà (ne).（彼は電話中です。）
　　"正在〜(呢)" は「ちょうど〜しているところです」と動作の進行を表します。

(5)（我）姐姐比我大三岁。（姉は私より 3 歳年上です。）
　　比較文 "A 比 B + 形容詞 + 数量補語" は「A は B より〜です」を表します。

1 1.

(223) （1）　① duō（多）　　② tuō（托）　　③ dōu（都）　　④ tōu（偷）

(224) （2）　① cài（菜）　　② chà（差）　　③ zài（在）　　④ sài（赛）

(225) （3）　① xí（习）　　　② shí（时）　　③ qí（其）　　④ chí（迟）

(226) （4）　① bǐ（比）　　　② xǔ（许）　　③ qǐ（起）　　④ qǔ（取）

(227) （5）　① xuè（血）　　② xiě（写）　　③ xué（学）　　④ xiè（谢）

2.

(228) （6）shēntǐ　　① shèngdì 圣地　　　② shēntǐ 身体
　　　　　　　　　③ shěntí 审题　　　　④ shēngtǐ 生体

(229) （7）qǐchuáng　① qíchàng 齐唱　　　② qìchuāng 气窗
　　　　　　　　　③ qǐchuáng 起床　　　④ qícháng 顾长

(230) （8）diànshì　　① diànchí 电池　　　② dànshì 但是
　　　　　　　　　③ diànshì 电视　　　　④ tiānshǐ 天使

(231) （9）miànbāo　① miànbāo 面包　　　② mànpǎo 慢跑
　　　　　　　　　③ mián'ǎo 棉袄　　　④ wǎnbào 晚报

(232) （10）kōngxiǎng　① gòngxiǎng 共享　　② gòngxiàn 贡献
　　　　　　　　　③ kòngxián 空闲　　　④ kōngxiǎng 空想

3.

(233) （11）本を読む
　　　　　　①看书 kàn shū（本を読む）　　②喝茶 hē chá（お茶を飲む）
　　　　　　③吃饭 chī fàn（ごはんを食べる）　④写字 xiě zì（字を書く）

(234) （12）とても疲れている
　　　　　　①很忙 hěn máng（とても忙しい）　②很累 hěn lèi（とても疲れている）
　　　　　　③太冷 tài lěng（寒すぎる）　　　④太贵 tài guì（高すぎる）

(235) （13）リンゴ
　　　　　　①桔子 júzi（みかん）　　　　　②苹果 píngguǒ（リンゴ）
　　　　　　③水果 shuǐguǒ（果物）　　　　④点心 diǎnxin（お菓子）

(236) （14）大阪
- ①福冈 Fúgāng （福岡）
- ⓪大阪 Dàbǎn （大阪）
- ②东京 Dōngjīng （東京）
- ④京都 Jīngdū （京都）

(237) （15）映画
- ①照片 zhàopiàn （写真）
- ③电影 diànyǐng （映画）
- ②邮票 yóupiào （切手）
- ④电视 diànshì （テレビ）

2

(238) （1）友達のお誕生日のとき
- ①新年快乐！Xīnnián kuàilè!（新年おめでとうございます）
- ②生日快乐！Shēngri kuàilè!（お誕生日おめでとうございます）
- ③欢迎你！Huānyíng nǐ!（ようこそ）
- ④晚上好！Wǎnshang hǎo!（こんばんは）

(239) （2）「ありがとう」と言われたとき
- ①谢谢 Xièxie.（ありがとうございます）
- ②不用谢 Búyòng xiè.（どういたしまして）
- ③没关系 Méi guānxi.（気にしないでください）
- ④对不起 Duìbuqǐ.（すみません）

(240) （3）お正月のあいさつ
- ①新年好！Xīnnián hǎo!（明けましておめでとうございます）
- ②老师好！Lǎoshī hǎo!（先生、こんにちは）
- ③大家好！Dàjiā hǎo!（皆さん、こんにちは）
- ④你好吗！Nǐ hǎo ma?（お元気ですか）

(241) （4）明日の天気を聞くとき
- ①今天天气好吗? Jīntiān tiānqì hǎo ma?（今日の天気は良いですか）
- ②昨天天气怎么样? Zuótiān tiānqì zěnmeyàng?
  （昨日の天気はどうでしたか）
- ③后天天气好不好? Hòutiān tiānqì hǎo bu hǎo?
  （あさっての天気はどうですか）
- ④明天天气怎么样? Míngtiān tiānqì zěnmeyàng?
  （明日の天気はどうですか）

(242) （5）人に謝るとき
- ①请问。Qǐngwèn.（お尋ねします）
- ②对不起。Duìbuqǐ.（すみません）
- ③不谢。Bú xiè.（どういたしまして）
- ④麻烦你了。Máfan nǐ le.（お手数をおかけしました）

《243》 (6) 国籍を聞くとき
　　　①现在几点？ Xiànzài jǐ diǎn?（今は何時ですか）
　　　②您贵姓？ Nín guìxìng?（苗字は何と言いますか）
　　　③你是哪国人？ Nǐ shì nǎ guó rén?（あなたはどこの国の人ですか）
　　　④你叫什么名字？ Nǐ jiào shénme míngzi?（お名前は）

《244》 (7) 先生と出会ったとき
　　　①老师好！ Lǎoshī hǎo!（先生、こんにちは）
　　　②你们好！ Nǐmen hǎo!（皆さん、こんにちは）
　　　③大家好！ Dàjiā hǎo!（皆さん、こんにちは）
　　　④同学们好！ Tóngxuémen hǎo!（学生の皆さん、こんにちは）

《245》 (8)「ここにあります」と言いたいとき
　　　①在哪儿？ Zài nǎr?（どこにありますか）
　　　②在那儿。 Zài nàr.（あそこにあります）
　　　③在左边儿。 Zài zuǒbianr.（左にあります）
　　　④在这儿。 Zài zhèr.（ここにあります）

《246》 (9) 人を紹介するとき
　　　①我介绍一下儿。 Wǒ jièshào yíxiàr.（ちょっと紹介します）
　　　②请问，他是谁？ Qǐngwèn, tā shì shéi?
　　　　（お尋ねしますが、彼はどなたですか）
　　　③欢迎欢迎！ Huānyíng huānyíng!（ようこそ）
　　　④你身体好吗？ Nǐ shēntǐ hǎo ma?（お元気ですか）

《247》 (10) 子どもに年齢を聞くとき
　　　①你多大年纪了？ Nǐ duō dà niánjì le?
　　　　（（お年寄りに聞く）おいくつですか）
　　　②你家在哪儿？ Nǐ jiā zài nǎr?（おうちはどこにありますか）
　　　③你几岁了？ Nǐ jǐ suì le?
　　　　（（10歳未満の子どもに聞く）おいくつですか）
　　　④你是学生吗？ Nǐ shì xuésheng ma?（あなたは学生ですか）

1 1.

(1) 2　guì　　　　貴

(2) 1　hēi　　　　黑

(3) 3　xiào　　　笑

(4) 4　xǐhuan　　喜欢

(5) 1　fángjiān　房间

2.

(6) 3　口　　你家有几口人？ Nǐ jiā yǒu jǐ kǒu rén?
　　　　　　家族の人数を表すときに量詞"口"を使います。

(7) 2　本　　我有三本中文小说。 Wǒ yǒu sān běn Zhōngwén xiǎoshuō.
　　　　　　量詞"本"は、「本、雑誌」などを数えるときに使います。

(8) 4　也　　他也去旅游。 Tā yě qù lǚyóu.
　　　　　　副詞"也（yě）"は「～も」の意味です。

(9) 1　多少　这辆汽车多少钱？ Zhè liàng qìchē duōshǎo qián?
　　　　　　"多少钱"は値段を尋ねる「いくら？」を意味します。量詞
　　　　　　"辆"は、「車」を数えるときに使います。

(10) 2　过　　我没看过那个电视剧。 Wǒ méi kànguo nà ge diànshìjù.
　　　　　　否定の"没（有）"は動詞の前に置き、"过（guò）"は経験を
　　　　　　表し、動詞"看"の後ろに付けます。

3.

(11) 4　喜欢　我很喜欢画画儿。 Wǒ hěn xǐhuan huà huàr.
　　　　　　「～することが好きです」という場合、日本語においては「～
　　　　　　することが」を省略することが多いが、中国語においては"喜
　　　　　　欢"の後ろに動詞を加えます。

(12) 1　去　　我跟朋友去图书馆。 Wǒ gēn péngyou qù túshūguǎn.
　　　　　　"A跟B～"で「AとBは～」の意味を表します。

(13) 4　哪儿　我们在哪儿见面？ Wǒmen zài nǎr jiànmiàn?
　　　　　　"哪儿"は、場所を尋ねる疑問文です。

(14) 2　大学　他们在大学学习汉语。 Tāmen zài dàxué xuéxí Hànyǔ.
　　　　　　介詞"在"＋場所の語順で「～で」と場所を表します。

(15) 3 非常 这周工作非常忙。Zhè zhōu gōngzuò fēicháng máng.
副詞 "非常" は、「とても」の意味で、ここでは形容詞 "忙" を置き「とても忙しい」の意味になります。

2

(1) a 写字 xiě zì
"写" は、「書く」の意味です。

   b 去公园 qù gōngyuán
"去" は「行く」の意味で、"去公园" で「公園へ行く」の意味になります。

(2) a 下车 xià chē
"车" は「車」の意味で、"下车" で「車を降りる」の意味になります。

   b 喝水 hē shuǐ
「飲む」は "喝" を使います。

(3) 打手机 dǎ shǒujī
"手机" は「携帯電話」の意味で、"打手机" で「電話をかける」の意味になります。

(4) 做作业 zuò zuòyè
"作业" は、「宿題」の意味で、「宿題をする」の動詞は、"做" を用います。

(5) 非常高兴 fēicháng gāoxìng
副詞 "非常" は「とても」の意味で、形容詞 "高兴" の前に置きます。

Ⅰ

(248) (1) 你明天在家吗? Nǐ míngtiān zàijiā ma?（あなたは明日家にいますか）
①我家在学校附近。Wǒ jiā zài xuéxiào fùjìn.
（私の家は学校の近くにあります）
②我们去小王家吧。Wǒmen qù Xiǎo Wáng jiā ba.
（私たちは王さんの家に行きましょう）
③我家有五口人。Wǒ jiā yǒu wǔ kǒu rén.（私の家族は5人家族です）
④我明天下午在家。Wǒ míngtiān xiàwǔ zàijiā.
（私は明日午後家にいます）

(249) (2) 桌子上的书是谁的? Zhuōzi shang de shū shì shéi de?
（机の上の本は誰のものですか）
①那是田中的书。Nà shì Tiánzhōng de shū.（それは田中さんの本です）
②那是汉语书。Nà shì Hànyǔ shū.（それは中国語の本です）
③桌子上有三本书。Zhuōzi shang yǒu sān běn shū.
（机の上に本が3冊あります）
④他就是田中。Tā jiùshì Tiánzhōng.（彼が田中さんです）

(250) (3) 你明天几点去学校? Nǐ míngtiān jǐ diǎn qù xuéxiào?
（あなたは明日何時に学校に行きますか）
①三个小时。Sān ge xiǎoshí.（3時間です）
②两点半。Liǎng diǎn bàn.（2時半です）
③他八点去学校。Tā bā diǎn qù xuéxiào.（彼は8時に学校に行きます）
④我下午五点回家。Wǒ xiàwǔ wǔ diǎn huíjiā.
（私は午後5時に家に帰ります）

(251) (4) 我们怎么去电影院? Wǒmen zěnme qù diànyǐngyuàn?
（私たちはどうやって映画館に行きますか）
①离这儿不太远。Lí zhèr bú tài yuǎn.（ここからそう遠くありません）
②我不想看电影。Wǒ bù xiǎng kàn diànyǐng.
（私は映画を見たくありません）
③我们坐公共汽车去吧。Wǒmen zuò gōnggòng qìchē qù ba.
（私たちはバスで行きましょう）
④我不会骑自行车。Wǒ bú huì qí zìxíngchē.
（私は自転車に乗れません）

(5) 您喝点什么? Nín hē diǎn shénme?（あなたは何を飲みますか）
　①先来一杯红茶吧。Xiān lái yì bēi hóngchá ba.（まずは紅茶をください）
　②我想吃中餐。Wǒ xiǎng chī Zhōngcān.（私は中華料理を食べたいです）
　③红茶比咖啡好喝。Hóngchá bǐ kāfēi haohe.
　　（紅茶はコーヒーよりおいしいです）
　④我不喜欢喝红茶。Wǒ bù xǐhuan hē hóngchá.
　　（私は紅茶が好きではありません）

(6) 你弟弟是大学生吗? Nǐ dìdi shì dàxuéshēng ma?
　（弟さんは大学生ですか）
　①我姐姐不是大学生。Wǒ jiějie bú shì dàxuéshēng.
　　（姉は大学生ではありません）
　②他最近很忙。Tā zuìjìn hěn máng.（彼は最近忙しいです）
　③他在北京上学。Tā zài Běijīng shàngxué.
　　（彼は北京の学校で勉強しています）
　④不，他是高中生。Bù, tā shì gāozhōngshēng.（いえ、彼は高校生です）

(7) 请问，车站附近有邮局吗? Qǐngwèn, chēzhàn fùjìn yǒu yóujú ma?
　（お尋ねします。駅の近くに郵便局がありますか）
　①车站离这儿不远。Chēzhàn lí zhèr bù yuǎn.
　　（駅はここから遠くありません）
　②邮局就在车站的对面。Yóujú jiù zài chēzhàn de duìmiàn.
　　（郵便局は駅の向いにあります）
　③我马上去邮局。Wǒ mǎshàng qù yóujú.（私はすぐ郵便局にいきます）
　④这儿附近没有车站。Zhèr fùjìn méiyǒu chēzhàn.
　　（ここの近くに駅はありません）

(8) 你看过中国电影吗? Nǐ kànguo Zhōngguó diànyǐng ma?
　（あなたは中国映画を見たことがありますか）
　①我没去过中国。Wǒ méi qùguo Zhōngguó.
　　（私は中国に行ったことがありません）
　②我喜欢看中国电影。Wǒ xǐhuan kàn Zhōngguó diànyǐng.
　　（私は中国映画が好きです）
　③我吃过中国菜。Wǒ chīguo Zhōngguócài.
　　（私は中国料理を食べたことがあります）
　④我没看过。Wǒ méi kànguo.（私は見たことがありません）

(9) 8月6号星期几? Bā yuè liù hào xīngqī jǐ?（8月6日は何曜日ですか）
　①星期二。Xīngqī'èr.（火曜日です）
　②明天8月6号。Míngtiān bā yuè liù hào.（明日は8月6日です）
　③16号星期三。Shíliù hào xīngqīsān.（16日は水曜日です）
　④我星期四去。Wǒ xīngqīsì qù.（私は木曜日に行きます）

(257) （10）吃点蛋糕吧。Chī diǎn dàngāo ba.（ケーキを食べなさい）

  ①好，我在这儿等。Hǎo, wǒ zài zhèr děng.（はい。ここで待ってます）

  ②我没吃过蛋糕。Wǒ méi chīguo dàngāo.

   （私はケーキを食べたことがありません）

  ③好，谢谢。Hǎo, xièxie.（はい。ありがとうございます）

  ④你也不吃蛋糕吗？Nǐ yě bù chī dàngāo ma?

   （あなたもケーキを食べませんか）

2 中国語を聞き、(1)～(10) の問いの答えとして最も適当なものを、それぞれ①～④の中から 1 つ選びなさい。

(258)

長文聴解 (1) ～ (5)

小林：王东，你好！

王东：是小林，好久不见。

小林：听说你打算去留学，是吗？

王东：对，我打算去日本留学。

小林：什么时候出发？

王东：明年三月，从天津走。

小林：去几个月？

王东：去半年，九月回来。

小林：你去日本的哪个城市？

王东：去福冈学习法律。

小林：飞机票买好了吗？

王东：还没有。我打算这就去买飞机票。

小林：正好我有时间，我跟你一起去吧。

Xiǎo Lín	: Wáng Dōng, nǐ hǎo!
Wáng Dōng	: Shì Xiǎo Lín, hǎojiǔ bújiàn.
Xiǎo Lín	: Tīngshuō nǐ dǎsuan qù liúxué, shì ma?
Wáng Dōng	: Duì, wǒ dǎsuan qù Rìběn liúxué.
Xiǎo Lín	: Shénme shíhou chūfā?
Wáng Dōng	: Míngnián sānyuè, cóng Tiānjīn zǒu.
Xiǎo Lín	: Qù jǐ ge yuè?
Wáng Dōng	: Qù bàn nián, jiǔyuè huílai.
Xiǎo Lín	: Nǐ qù Rìběn de nǎge chéngshì?
Wáng Dōng	: Qù Fúgāng xuéxí fǎlǜ.
Xiǎo Lín	: Fēijīpiào mǎihǎo le ma?
Wáng Dōng	: Hái méiyǒu. Wǒ dǎsuan zhè jiù qù mǎi fēijīpiào.
Xiǎo Lín	: Zhènghǎo wǒ yǒu shíjiān, wǒ gēn nǐ yìqǐ qù ba.

小林：王東さん、こんにちは。
王東：小林さん、お久しぶりです。
小林：聞くところによると、留学に行くそうですね？
王東：そうです。日本へ留学に行くつもりです。
小林：いつ出発ですか？
王東：来年3月、天津から出発します。
小林：何か月ですか？
王東：半年で9月に帰ります。
小林：日本のどの都市に行きますか？
王東：福岡へ法律を勉強しに行きます。
小林：航空券はもう買いましたか？
王東：まだです。これから買いに行くところです。
小林：ちょうど私も時間があるので一緒に行きましょう。

(1) 王东几月出发去日本? Wáng Dōng jǐ yuè chūfā qù Rìběn?
   （王東さんは何月に日本へ出発しますか）
   ①今年六月。jīnnián liùyuè.（今年6月）
   ②明年三月。míngnián sānyuè.（来年3月）
   ③明年六月。míngnián liùyuè.（来年6月）
   ④今年九月。jīnnián jiǔyuè.（今年9月）

(2) 王东要去多长时间? Wáng Dōng yào qù duō cháng shíjiān?
   （王東さんはどれぐらいいますか）
   ①三个月。sān ge yuè.（3か月）
   ②六个月。liù ge yuè.（6か月）
   ③九个月。jiǔ ge yuè.（9か月）
   ④一年半。yì nián bàn.（1年半）

(3) 王东从哪儿坐飞机? Wáng Dōng cóng nǎr zuò fēijī?
   （王東さんは飛行機にはどこから乗りますか）
   ①福冈。Fúgāng.（福岡）
   ②北京。Běijīng.（北京）
   ③天津。Tiānjīn.（天津）
   ④大连。Dàlián.（大連）

(4) 王东去日本学什么? Wáng Dōng qù Rìběn xué shénme?
   （王東さんは日本へなんの勉強に行きますか）
   ①经济。jīngjì.（経済）
   ②法律。fǎlǜ.（法律）
   ③贸易。màoyì.（貿易）
   ④日语。Rìyǔ.（日本語）

(5) 王东什么时候去买飞机票？ Wáng Dōng shénme shíhou qù mǎi fēijīpiào?
(王東さんはいつ飛行機のチケットを買いに行きますか)
①明天去。Míngtiān qù.（明日行きます）
②马上去。Mǎshàng qù.（すぐに行きます）
③后天去。Hòutiān qù.（あさって行きます）
④星期三去。Xīngqīsān qù.（水曜日に行きます）

長文聴解（6）～（10）

　我叫林晶晶，是中国留学生。我来日本已经两年多了，现在上大学三年级。刚来日本的时候，我不太会说日语，也不会做饭。因为在中国我住在大学里边，大学里有很多食堂，我每天早饭、中饭、晚饭都在食堂吃。可是来了日本以后，虽然家附近也有很多可以吃饭的地方，可是都很贵。所以我一般都是在家做饭。因为要自己去买菜，我记住了很多蔬菜的单词。现在我不但会做中国菜，还学会了几个简单的日本菜。下个星期六我还打算叫日本朋友来我家，我教她做麻婆豆腐。现在我的日语也说得比以前好多了，还认识了不少新朋友。

　Wǒ jiào Lín Jīngjīng, shì Zhōngguó liúxuéshēng. Wǒ lái Rìběn yǐjīng liǎng nián duōle, xiànzài shàng dàxué sān niánjí. Gāng lái Rìběn de shíhou, wǒ bú tài huì shuō Rìyǔ, yě bú huì zuòfàn. Yīnwèi zài Zhōngguó wǒ zhù zài dàxué lǐbian, dàxué li yǒu hěn duō shítáng, wǒ měi tiān zǎofàn, zhōngfàn, wǎnfàn dōu zài shítáng chī. Kěshi lái le Rìběn yǐhòu, suīrán jiā fùjìn yě yǒu hěn duō kěyǐ chīfàn de dìfang, kěshì dōu hěn guì. Suǒyǐ wǒ yìbān dōu shì zài jiā zuòfàn. Yīnwèi yào zìjǐ qù mǎi cài, wǒ jìzhùle hěn duō shūcài de dāncí. Xiànzài wǒ búdàn huì zuò Zhōngguócài, hái xuéhuìle jǐ ge jiǎndān de Rìběncài. Xià ge xīngqīliù wǒ hái dǎsuan jiào Rìběn péngyou lái wǒ jiā, wǒ jiāo tā zuò mápódòufu. Xiànzài wǒ de Rìyǔ yě shuō de bǐ yǐqián hǎo duōle, hái rènshile bù shǎo xīn péngyou.

日本語訳

　私は林晶晶、中国人留学生です。日本に来てもう2年あまりになり、現在大学3年生です。日本に来たばかりの頃、私は日本語があまりできず、料理もできませんでした。なぜなら中国にいたときは大学に住んでいて、大学にはたくさんの食堂があったので、毎日朝食、昼食、夕食すべて食堂で食べていたからです。日本に来てから、家の近くにはたくさん食事できるところがありますが、とても高いです。なので、日本に来てから、私は大体家で料理を作ります。自分で野菜を買わないといけないので、たくさんの野菜の名前を覚えました。今中国料理は作ることはできませんが、いくつか簡単な日本料理はできるようになりました。来週土曜日に、日本人の友人を家に呼んで、麻婆豆腐の作り方を教えるつもりです。いま私の日本語は前よりずっと良くなり、たくさんの新しい友人もできました。

(6) 我来日本多长时间了？ Wǒ lái Rìběn duō cháng shíjiān le?
（私が日本に来てどれぐらいですか）
①一年多了。yìnián duō le.（1年あまり）
②两年多了。liǎng nián duō le.（2年あまり）
③三年多了。sān nián duō le.（3年あまり）
④刚来日本。gāng lái Rìběn.（来たばかり）

(7) 我在中国的时候为什么不做饭？
Wǒ zài Zhōngguó de shíhou wèishénme bú zuòfàn?
（私は中国にいたときどうしてご飯を作らなかったのでしょうか）
①不喜欢做饭。bù xǐhuan zuòfàn.（ご飯を作るのが好きじゃない）
②可以在学校的食堂吃。kěyǐ zài xuéxiào de shítáng chī.
（学校の食堂で食べられる）
③可以在家吃。kěyǐ zài jiā chī.（家で食べられる）
④没有时间。méiyǒu shíjiān.（時間がない）

(8) 来日本以后，我为什么不在外边吃饭？
Lái Rìběn yǐhòu, wǒ wèishénme bú zài wàibian chīfàn?
（私は日本に来てからどうして外食しないでしょうか）
①我想学做饭。Wǒ xiǎng xué zuòfàn.
（私はご飯の作り方を習いたい）
②我喜欢买菜。Wǒ xǐhuan mǎi cài.（私は食材を買うのが好き）
③太贵了。Tài guì le.（高すぎる）
④我喜欢在家吃饭。Wǒ xǐhuan zài jiā chīfàn.
（家でご飯を食べるのが好き）

(9) 现在我会做什么菜？ Xiànzài wǒ huì zuò shénme cài?
（私は今何の料理を作れますか）
①中国菜。Zhōngguócài.（中国料理）
②日本菜。Rìběncài.（日本料理）
③中国菜和日本菜。Zhōngguócài hé Rìběncài.（中国料理と日本料理）
④我不会做菜。Wǒ bú huì zuòcài.（私は料理が作れない）

(10) 我打算什么时候叫日本朋友来我家？
Wǒ dǎsuan shénme shíhou jiào Rìběn péngyou lái wǒ jiā?
（私はいつ日本人の友達を家に呼ぶつもりですか）
①这个星期天。zhège xīngqītiān.（今週の日曜日）
②下个星期天。xiàge xīngqītiān.（来週の日曜日）
③这个星期六。zhège xīngqīliù.（今週の土曜日）
④下个星期六。xiàge xīngqīliù.（来週の土曜日）

1 1.

(1) 1　参加（cānjiā）：参加する
中国（Zhōngguó）：中国
空调（kōngtiáo）：エアコン
当然（dāngrán）：当然、当然である

(2) 4　健康（jiànkāng）：健康である、健康
上课（shàngkè）：授業をうける
电话（diànhuà）：電話
照片（zhàopiàn）：写真

(3) 3　午饭（wǔfàn）：昼食
可能（kěnéng）：〜かもしれない
起床（qǐchuáng）：起床する
好玩（hǎowán）：おもしろい、遊んで楽しい

(4) 2　散步（sànbù）：散歩する
下班（xiàbān）：退勤する
放心（fàngxīn）：安心する、心配しない
唱歌（chànggē）：歌をうたう

(5) 4　舒服（shūfu）：心地よい、気持ちがよい
商店（Shāngdiàn）：商店、店
帮助（bāngzhù）：援助する、助ける
高兴（gāoxìng）：うれしい、楽しい

2.

(6) 2　朋友：友達

(7) 3　睡觉：眠る

(8) 1　音乐：音楽

(9) 4　问题：問題

(10) 1　教室：教室

2

(1) 2 张　这里有三张纸。Zhè li yǒu sān zhāng zhǐ.
（ここに 3 枚の紙がある。）
量詞 "张（zhāng）" は、「紙、机、ベッド、絵」などに使われます。

(2) 1 可以　你可以尝尝我的手艺。Nǐ kěyǐ chángchang wǒ de shǒuyì.
（私の腕前を味わってみて。）
助動詞 "可以" は許可やおすすめを表し、「～できる、～してもよい、～したら」の意味を表します。

(3) 4 着　现在下着暴雨呢。Xiànzài xiàzhe bàoyǔ ne.
（今大雨が降っている。）
"动词＋着～（呢）" の形で、「～している、～である」という動作あるいは状態の持続を表します。

(4) 3 跟　我跟小王一起去台湾旅游。
Wǒ gēn　Xiǎo Wáng yìqǐ qù Táiwān lǚyóu.
（私は王さんと一緒に台湾へ旅行に行く。）
"A 跟 B 一起～" で「A と B は一緒に～」の意味を表します。

(5) 1 才　我们八点半上课，今天我八点二十才起床。
Wǒmén bādiǎn bàn shàngkè, jīntiān wǒ bādiǎn èrshí cái qǐchuáng.
（私たちは 8 時半に授業が始まるが、私は 8 時20分にやっと起きた。）
副詞 "才" は「やっと」の意味になります。

(6) 2 多大　你今年多大? Nǐ jīnnián duō dà?（今年おいくつ？）
"多大" は疑問文に用い、年齢が「どれくらいか」を聞くときに使います。小さい子供（10歳以下）に対しては "几岁" を用います。

(7) 1 一次　我一次也没有去过海外。Wǒ yí cì yě méiyou qùguo hǎiwài.
（私は一度も外国へ行ったことがない。）
否定の "没（有）" は動詞の前に置き、「一度も～ない」は "一次也没有" を用います。

(8) 4 又…又…　这家的菜又好吃又便宜。Zhè jiā de cài yòu hǎochī yòu piányi.
（ここの料理はおいしくて安い。）
"又（yòu）～又（yòu）～" は「（2 つ以上の動作や状態を並列させ）～でもあり～でもある」という表現として使います。ここでは、「おいしくて安い」の意味になります。

(9) 2 还是　　刚刚来的人是法国人，还是英国人?

Gānggāng lái de rén shì Fǎguórén, háishi Yīngguórén?

（さっき来た人はフランス人？　それともイギリス人？）

"还是（háishi)" は「それとも」の意味で選択をする場合に使います。ここでは、「フランス人ですか？それともイギリス人ですか？」の意味になります。

(10) 3 怎么　　他的名字怎么念? Tā de míngzi zěnme niàn?

（彼の名前はどう読む？）

"怎么（zěnme)＋动词" は「どのように～する」を意味し、ここでは "怎么念" で「どのように読む」の意味になります。

3 1.

(1) 3 我不在家吃午饭。Wǒ bú zài jiā chī wǔfàn.

"不＋在＋场所＋动词" で「(場所) で～しない」を意味します。

(2) 4 我爸爸正在房间里看报纸呢。Wǒ bàba zhèngzài fángjiān li kàn bàozhǐ ne.

"正在～呢" は「ちょうど～しているところです」と動作の進行を表します。

(3) 1 李老师教了我们三年汉语。Lǐ lǎoshī jiāole wǒmen sān nián Hànyǔ.

動作の時間量はその動作が始まって継続する時間として動詞の後ろに置きます。目的語がある時の語順は「動詞＋時間量＋目的語」となります。

(4) 2 我们骑自行车去美术馆。Wǒmen qí zìxíngchē qù měishùguǎn.

"骑自行车"（自転車に乗る）と "去美术馆"（美術館へ行く）の2つの動作は行われる順番にします。

(5) 3 我们明天从哪儿出发? Wǒmen míngtiān cóng nǎr chūfā?

"从哪儿" の語順で「どこから」の意味になります。

2.

(6) 1 不　　这个问题不太容易。Zhège wèntí bú tài róngyi.

"不太＋形容词" で、「あまり～ない」を表します。

(7) 1 上海　大连没有上海那么热。Dàlián méiyou Shànghǎi nàme rè.

比較文 "A 没有 B 那么～" は「A は B ほど～ない」を表します。

(8) 1 人　　钱包被人偷走了。Qiánbāo bèi rén tōuzǒu le.

受身の介詞 "被" は、「動作を受けるもの＋"被"＋動作を実行するもの＋動詞＋後置成分」の形で使われます。

（9）2　离　　你家离地铁站远吗？ Nǐ jiā lí dìtiězhàn yuǎn ma?
介詞"离（lí）"は、時間的あるいは空間的な距離を示し「〜から〜まで」を意味します。

（10）2　高中　他今年高中毕业了。Tā jīnnián gāozhōng bìyè le.
目的語＋"毕业"の形で、「〜を卒業する」という意味になります。

4 次の文章を読み（1）〜（6）の問いの答えとして最も適当なものを、それぞれ①〜④の中から1つ選びなさい。

　　　我是一个中国留学生，来日本之后，我认识了很多日本同学，我们周末经常一起玩儿。我（1）他们学日语，他们也经常（1）我说中文。上个星期我的朋友真子问我："你（2）做饺子吗？"我说："（2）啊。不过我们不说做饺子，应该说包饺子。"真子说"是这样啊。那我们明天去你的宿舍包饺子吧。"我说："好啊。明天下午四点半我们（3）在学校门口的超市集合，买好菜（3）去我家吧。"

　　　第二天，我们包了白菜猪肉和韭菜鸡蛋两种馅儿的饺子。饺子煮好了之后，我们（4）吃饺子，（4）聊天。真子问我有没有米饭，我说中国人吃饺子的时候不和米饭一起吃，（5）饺子和米饭一样都是主食。真子听了之后觉得很有意思，不过她还是更喜欢在吃饺子的时候吃米饭或者拉面。

　　　Wǒ shì yí ge Zhōngguó liúxuéshēng, lái Rìběn zhīhòu, wǒ rènshile hěn duō Rìběn tóngxué, wǒmen zhōumò jīngcháng yìqǐ wánr. Wǒ（1）tāmen xué Rìyǔ, tāmen yě jīngcháng（1）wǒ shuō Zhōngwén. Shàng ge xīngqī wǒ de péngyou Zhēnzǐ wèn wǒ:"Nǐ（2）zuò jiǎozi ma?" Wǒ shuō:"（2）a. Búguò wǒmen bù shuō zuò jiǎozi, yīnggāi shuō bāo jiǎozi." Zhēnzǐ shuō "Shì zhèyàng a. Nà wǒmen míngtiān qù nǐ de sùshè bāo jiǎozi ba." Wǒ shuō:" Hǎo a. Míngtiān xiàwǔ sì diǎn bàn wǒmen（3）zài xuéxiào ménkǒu de chāoshì jíhé, mǎihǎo cài（3）qù wǒ jiā ba."

　　　Dì-èr tiān, wǒmen bāole báicài zhūròu hé jiǔcài jīdàn liǎng zhǒng xiànr de jiǎozi. Jiǎozi zhǔhǎole zhīhòu, wǒmen（4）chī jiǎozi,（4）liáotiān. Zhēnzǐ wèn wǒ yǒu méiyǒu mǐfàn, wǒ shuō Zhōngguórén chī jiǎozi de shíhou bù hé mǐfàn yìqǐ chī,（5）jiǎozi hé mǐfàn yíyàng dōu shì zhǔshí. Zhēnzǐ tīngle zhīhòu juéde hěn yǒu yìsī, búguò tā háishi gèng xǐhuan zài chī jiǎozi de shíhou chī mǐfàn huòzhě lāmiàn.

　　　私は中国人留学生です。日本に来てからたくさんの日本人学生と知り合い、週末にはよく一緒に遊びにいきます。私は彼らと日本語を勉強し、彼らも私に中国語を話します。先週、私の友人の真子さんから「餃子を作ることができますか」と聞かれ、私は「できますよ。でも私たちは作るとは言わず、餃子を包む（作る）と言います」と言いました。真子さんは言った「そうなんですね。では明日あなたの宿舎で餃子を包み（作り）ましょう」「いいですよ。明日午後4時半に先に学校の入り口にあるスーパーで集合して、野菜を買ってから家に行きましょう」

翌日、私たちは白菜・豚肉とニラ・卵の2種類の餃子を作りました。餃子ができてから、私たちは食べながら話をしました。真子さんは私にご飯があるか聞きましたが、中国人は餃子を食べるときはご飯を一緒に食べません、なぜなら餃子とご飯は同じ主食だからですと言いました。真子さんは話を興味深く思いましたが、やはり餃子を食べるときにはご飯かラーメンと一緒に食べるのが好きだそうです。

(1) 空欄（1）を埋めるのに適当なものは、次のどれか。
　　①给……给 gěi …… gěi　　　　②跟……跟 gēn …… gēn
　　③向……向 xiàng …… xiàng　　④对……对 duì …… duì
　　☞ "跟（gēn）"は「〜に、〜と」という意味で、動作をする相手をを表す介詞です。③は「〜に向かって」、④は「〜に対して」の意です。また、"跟（gēn）"のかわりに"和（hé）"を使ってもよいです。

(2) 空欄（2）を埋めるのに適当なものは、次のどれか。
　　①能……能 néng …… néng　　②可以……可以 kěyǐ …… kěyǐ
　　③得……得 děi …… děi　　　　④会……会 huì …… huì
　　☞ 助動詞 "会（néng）"は「（学習、訓練により）〜することができる」の意で、動詞の前に置きます。

(3) 空欄（3）を埋めるのに適当なものは、次のどれか。
　　①既……又 jì …… yòu　　　　②从……到 cóng …… dào
　　③先……再 xiān …… zài　　　④一……就 yī …… jiù
　　☞ 文脈から「まずスーパーで待ち合わせして、食材を買ってから、それから私の家へ行く」となるので、順番を表す "先……再（xiān …… zài）" がここに入ります。

(4) 空欄（4）を埋めるのに適当なものは、次のどれか。
　　①又……又 yòu …… yòu　　②一边……一边 yìbiān …… yìbiān
　　③在……在 zài …… zài　　　④着……着 zhe …… zhe
　　☞ 文脈から "一边……一边（yìbiān …… yìbiān）"「〜しながら〜する」という組み合わせの②が入ります。

(5) 空欄（5）を埋めるのに適当なものは、次のどれか。
　　①因为 yīnwèi　　②因此 yīncǐ　　③所以 suǒyǐ　　④不过 búguò
　　☞ "饺子和米饭一样都是主食。（ギョウザはご飯と同じで、どちらも主食です）"は "中国人吃饺子的时候不和米饭一起吃。（中国人はギョウザを食べるときご飯は食べません）" の理由となるので、理由や原因を導く接続詞 "因为（yīnwèi）" が正解となります。

(6) 本文の内容と一致しないものは、次のどれか。
①真子会说一点儿中文。Zhēnzǐ huì shuō yìdiǎnr Zhōngwén.
（真子は少し中国語が話せます。）
②我和日本同学周末经常一起包饺子。
Wǒ hé Rìběn tóngxué zhōumò jīngcháng yìqǐ bāo jiǎozi.
（私は週末日本人クラスメートとよく一緒にギョウザを作ります。）
③在中国饺子不和米饭一起吃。
Zài Zhōngguó jiǎozi bù hé mǐfàn yìqǐ chī.
（中国ではギョウザとご飯とは一緒に食べません。）
④我们在学校门口的超市买的菜。
Wǒmen zài xuéxiào ménkǒu de chāoshì mǎi de cài.
（私たちは校門のところのスーパーで食材を買いました。）
☞文章の冒頭に"我认识了很多日本同学，我们周末经常一起玩儿。"という箇所から、本文の内容と一致しないものは②です。

5

(1) 你在哪儿（/哪里）买东西? Nǐ zài nǎr (/nǎli) mǎi dōngxi?
（あなたはどこで買い物をしますか。）
介詞フレーズ「"在"＋場所＋動詞」で「……で……する」を表します。

(2) 我上个星期（/上周）没（有）去学校。
Wǒ shàng ge xīngqī (/shàng zhōu) méi (yǒu) qù xuéxiào.
（私は先週学校に行かなかった。）
肯定文「私は先週学校に行った」なら、"我上个星期去学校了。"となり、その否定文は"我上个星期没去学校。"完了した動作の否定は"没（有）＋動詞"、"了"はつけません。

(3) 他每天八点起床。Tā měi tiān bā diǎn qǐchuáng.（彼は毎日8時に起きます。）
"每天八点"は動作を行う時点を示しているため、動詞"起床"の前におきます。

(4) 我昨天也很忙。Wǒ zuótiān yě hěn máng.（私は昨日も忙しかった。）
形容詞は「忙しかった」と過去のことについていう場合でも、"很忙"の後ろに"了"をつけないように注意しましょう。

(5) 你明天能来吗? Nǐ míngtiān néng lái ma?（あなたは明日来られますか。）
助動詞"能（néng）"は「（都合、条件があって）〜することができる」を意味し動詞の前に置きます。

著　者

山田留里子
賀南
角屋敷葵

直前対策！　中検準4級・4級合格ドリル

2020. 3 .31　初版1刷発行

発行者　井　田　洋　二

発行所　〒101-0062　東京都千代田区神田駿河台3の7
　　　　電話　東京03（3291）1676　FAX 03（3291）1675
　　　　振替　00190-3-56669番
　　　　E-mail：edit@e-surugadai.com
　　　　URL：http://www.e-surugadai.com

株式
会社　駿河台出版社

組版・印刷・製本／フォレスト

ISBN 978-4-411-03125-9 C1087　￥2100E